経営組織入門

上林憲雄・庭本佳子［編著］

厨子直之・浅井希和子・貴島耕平・島田善道・上野恭裕

福本俊樹・筒井万理子・瓜生原葉子・中原 翔・上野山達哉［著］

文眞堂

はしがき

　本書は，大学でこれから経営学を学ぼうとする初学者向きに書かれた経営組織論の入門テキストブックです。経営学の知識が全くない初学者でも理解が可能なよう，簡明な言葉でわかりやすく書かれています。

　経営組織論は，経営学の中核を占める重要な領域ですが，初学者へ向けてその全体像をわかりやすく解説したテキストブックは，意外にもこれまであまり刊行されてきませんでした。経営組織論における一部の領域を詳しく説明しているテキストブックや，仕事経験を前提とした MBA 生向けのテキストブックは刊行されていますが，経営組織論の全貌を，何の知識も持たない初学者向けに，とりわけ他の経営学の諸領域との関係に留意しながら書かれたテキストブックは，これまでほとんどありませんでした。

　このテキストブックでは，全体を「組織をつくる」（第Ⅰ部）と，つくった「組織を発展させる」（第Ⅱ部）という 2 部に分け，経営組織論の基礎的知識が一から修得できるように書かれています。本書を最初から順次読み進めていくことにより，経営組織論の基本的な考え方と重要な概念，他領域とのつながりが段階的に理解できるよう工夫されています。

　本書の特徴は，第 1 に，社会経験が浅い読者層，例えば高校生や大学に入学したばかりの 1 年生が読んでも理解が可能になるよう，平易な言葉で，彼らなりの経験レベルを踏まえた目線で執筆されていることです。取り上げる事例も，若い学生がイメージしにくい企業のケースはなるべく避け，学生生活や日常生活の中で彼らの目に触れやすい事例を中心に解説されています。

　第 2 の特徴は，大学生レベルの日常生活に照準を合わせつつも，経営理論との関係性が理解できるよう，構成が工夫されていることです。本文中には随所で経営学における考え方が解説されていますし，各章のコラム（「break time」）においても，経営学の理論や学説との関わりについて触れられています。

　第3に，本書では経営組織に関する通り一遍の知識が説明されているだけではなく，重層的で多面的な理解が可能になるよう，書き方にもさまざまな工夫が凝らされています。本文中には，他に参照すべき章やページが多く指示されていますし，参考情報も豊富に紹介されています。各節の末尾には，その節の要点が「キーポイント」として短くまとめられており，このキーポイントをつないで読んでいくだけでも，内容の概略が頭に入るように書かれています。

　現代は，スマートフォンがひとつあれば瞬時に多くのことが可能になる便利な時代です。そうした中，皆で一緒に努力し，長期にわたって協力し合いながらひとつのことを成し遂げようとする意識は，人々の頭から徐々に失われようとしています。しかし，こうした時代状況だからこそ，改めて今日的な「組織」のありようをきちんと学ぶことが必要です。本書での学修を通じ，読者の皆さんなりに，今後の自身のキャリアや他者との交友関係を考えるヒントを見出していただきたいと願っています。

　このテキストブックは，総勢12名の経営学者が，足掛け2年にわたり真摯な検討を続けた協働作業が結実したものです。執筆陣は，新進気鋭の若手から中堅・ベテラン研究者に至るまで多彩な顔触れとなっていますが，いずれも学界の第一線で目下精力的に活動している研究者ばかりです。

　一同は，事前に入念な打合せを行い，一定の方針を了解したうえで担当箇所を執筆しています。また，各章の原稿がいったん完成してからも，編者が全体に目を通し，読みやすくなるよう多くの調整を施しています。ただ，それでもなお細部の書き方や表現は，各執筆者の個性を反映したものとなっています。読者の皆さんにおかれましては，こうした揺らぎもまた本書の特徴のひとつとしてお楽しみいただけましたら幸いです。

　末筆になりましたが，本テキストブックの執筆をお勧めくださいました㈱文眞堂代表取締役社長の前野隆さんをはじめとする皆様方，わけても編集の労をお取りくださいました同社編集部の前野眞司さんと山崎勝徳さんに，執筆者一同を代表し，心からの謝意を表したく存じます。ありがとうございました。

　本書が，多くの学生や一般の方々から愛読され，今後さらなる改善を続けて

いくことを願ってやみません。読者の皆様方からの率直なご感想や忌憚のない
ご意見をお待ち申し上げます。

2020 年 1 月吉日

執筆者を代表して

上林 憲雄

庭本 佳子

本書の利用にあたって

1. 各章の冒頭に，★**この章で学ぶこと**として，その章の概要と到達目標を提示しています。また，直後に掲げている 🔍 **この章で学ぶキーワード**には，その章で学修する最も重要な概念が5つほど厳選のうえ提示されています。

2. いずれの章も，各節の末尾に，⚬━ **キーポイント**として，その節の内容を簡潔に要約しています。このキーポイントをつなげて読んでいくだけで，その章全体の流れと概要が把握できるように工夫されています。

3. 本文中の**ゴシック体表記**にしてある用語は，経営組織論を学修するうえで正確な理解が必要となるキーワードです。

4. 本文の内容を多面的に理解できるよう，各章にコラム記事として 🔖 **break time** が2つずつ挿入されています。ひとつは，その章に関係の深い経営組織論上の理論や学説が，もうひとつはその章と関連する時事トピックスや最新のトレンドが，それぞれ掲載されています。

5. 各章とも本文の直後に 📋 **演習問題** を3問ずつ設けています。いずれの章も，❶はその章の内容を理解して要点をまとめる問題，❷は各種出版物やインターネットを活用して事例等を自分で調べる問題，❸はその章で学修した内容をさらに深く考察するための問題となっています。問題横に付している QR コードをスマートフォンで読み取れば，💡**出題意図と解答のヒント**が掲載されたウェブサイトへと飛ぶようになっています。

6. 各章末の 📖 **おすすめ文献**では，各章で取り上げたテーマをさらに深く学修するために一読をお勧めしたい文献を，読みやすい和書に限定して，簡単な紹介文とともに3冊だけ提示しています。古典的な文献や本文中で引用された文献，より高度な学修に必要な文献等は，本書巻末 235 ページ以下の 📚 **参考文献一覧**にまとめて掲載しています。

7. 巻末の索引は，🔍 **事項索引**と 🔍 **人名・組織名索引**とから構成されていま

す。事項索引は，掲載用語の全てを網羅的に拾って提示しているのではな
く，その用語の定義が書かれている箇所や，横断的に参照することで理解
が深まる箇所に限定してピックアップしています。

8．このテキストブックでは，読者の皆さんが横断的に学修できるよう，随所
に関連事項について言及されている箇所を（☞**第〇章**）や（☞**〇ページ**）
のような形で提示しています。余力のある皆さんは，これらの項目につい
てもできる限り参照し，重層的に学修を深めるようにしてください。

9．このテキストブックは，最初の**第1章**から順に通読することで，経営組織
論の全体像を体系的に学修できるようになっていますが，それぞれの領域
を限定的に学修したい皆さんには，いくつかの章を拾い読みすることで各
領域の理解を深められるように書かれています。**第Ⅰ部**「組織をつくる」
では，組織を構成する基本的な要素（組織構造，意思決定，モチベーショ
ン，リーダーシップ，チームワーク）について，続く**第Ⅱ部**「組織を発展
させる」では，成立した組織を発展させていくうえで必要となる要素（組
織形態，組織文化，知識創造，イノベーション，ネットワーク，組織変
革）について，それぞれ解説されています。また，各部冒頭の**部扉**（19
ページ，107ページ）には各章のアウトラインとその流れが記載されてい
ます。最後の**補章**では，学問領域としての経営組織論の位置づけが解説さ
れており，他領域への橋渡しができるようになっています。

目　　次

第Ⅱ部 組織を発展させる

第7章 組織の形を変える《組織形態》………………109

☕ break time

第 1 章
経営組織とは

《組織入門》

★この章で学ぶこと

　普段あまり意識することはないと思いますが，私たちは他のたくさんの人たちと一緒に，さまざまな活動に従事しています。こうした一緒に活動する人たちの集まりをひとまず「組織」と捉えてください。よく皆さんの生活を振り返ってみると，実は多くの組織に囲まれて，皆さんの日々の生活が成り立っていることがわかります。

　例えば，皆さんの所属している大学それ自体がひとつの組織ですし，大学の部活動で活躍したり，SNS グループで連絡を取り合ったりしていると思います。あるいは，皆さんは普段何気なくコンビニや生協で買い物をしますが，購入した製品やサービスは会社組織が提供するものです。

　では，いったい組織とは正確にはどのように定義づけることができるでしょうか。人が集まってさえすれば，それは組織といえるのでしょうか？　なぜ私たちは組織に所属したり，利用したりするのでしょうか。一人では無理なのでしょうか？

　この章では，まず組織とはいったい何かについて学びます。そのうえで，なぜ私たちはこうした組織と関わりを持ちながら生活していく必要があるのか，具体的にどういった時に組織が必要になるのかについて解説します。また，組織はどうすれば続けていけるのか，変えたい時にはどうすればよいかについても触れます。

　本テキストブックの冒頭にあたるこの章では，こうした組織を理解するうえでの基礎について学修することにしましょう。

🔍 **この章で学ぶキーワード**

　●協働　　●組織　　●誘因　　●均衡　　●マネジメント

1 大きな目的のために協力する

(1) 協働するということ

　皆さんの歩いている道が大きな岩でふさがれて通れなくなっているという場面に遭遇したとしましょう。あなたは一人で歩いています。一本道なので分岐がなく，行こうとする地点までに迂回することはできません。あなたは，大きな岩を退けて向こう側に行きたいのですが，岩が大き過ぎてあなた一人の力では何ともしようがありません。しかし，何人かの力を合わせれば，岩を退かせて無事に通り抜けられそうです。

　こうして，私たちは何かを成し得たいという自分なりの気持ち（意思と呼びます）を持っているのですが，一人の力だけではそれを実現できないという事態によく直面します。しかし，一人だからできないからとあきらめてしまうのではなく，周りの人たちの助けを借りられれば，またお互いに協力し合うことができるならば，何とかうまく成し遂げられるかもしれません。こうして誰かの協力が得られ一緒に目的を実現しようとする際，お互いに協力し合うことを，ともに力を合わせて働くという意味を込め，**協働**と呼ぶことにしましょう。

(2) 協働の仕組み

　日々の生活に必要な目的を達成するためにお互いに協力し合っている状態が協働ですから，皆さんは身の回りに協働をたくさん見つけることができるでしょう。会社や病院，NPO といったものから，大学，ゼミ，アルバイト先の職場，サークルまで，ありとあらゆる活動が協働の場として考えられます。

　でも，よくよく観察してみれば，協働にはうまくいっている時と，あまりうまくいっていない時があることに気づくと思います。会社でもどんどん儲けている会社もあれば，赤字で倒産してしまう会社もあります。ゼミでも活発に活

動できているゼミもあれば，暗くて誰も発言しないようなゼミもあります。

　では，協働がうまくいっているというのはどういった状態のことでしょうか。つまり，黒字になる会社か赤字になる会社か，活発で楽しいゼミかそうでないかを決めている要因はいったい何かということです。個々の協働の場を観察していくと大変ですから，ここでは少し抽象的に，多くの協働の場に共通すると考えられるものを抽出していくことにしましょう。

　まず協働する場は何らかの物によってつくられています。大学の校舎には教室や食堂，パソコンなどといった多くの物的な施設や備品があります。次に考えられるのは，そこに集まっている人たちです。会社にはそこで働く従業員やマネジャー，経営者，時にはパートといったさまざまな立場の人たちが集まって活動していますし，大学にも皆さんのような学生のほか，先生方や事務職員をはじめ多くのスタッフが集まって日々の活動を営んでいます。

　さらに，人は，協働の場に単に集まって活動しているだけではありません。時間がたつにつれ，お互いにいろいろな話をしたり仲良くなったりして，そこにはさまざまな人間関係ができあがってきます。通常，人と人の関係のことを社会と呼びますので（☞補章，218ページ），こうした人間関係のつながりを社会関係と名付けておくことにしましょう。

⑶　協働をずっと続けるために必要なこと

　協働の場にある物，人，社会関係が括りだされましたが，これだけではまだ，活動を長く持続させるには不十分です。例えば，大学の授業が始まる前には，教室にはすでに学生が集まり，教員も教壇にいて授業の準備をしています。近くに座っている学生さんどうしで話が弾んでいるところもあれば，机に突っ伏して寝ていたりスマホを見ていたりと，みんなが思い思いに過ごしています。ここには，物，人，社会関係があることはあるのですが，こうした状態だけでは協働とは呼べません。そこに居るみんなで協力して何事かをなそうとしている状態ではないためです。

　しかし，ひとたび授業開始のチャイムが鳴り，先生が講義をしだすと教員と学生の間で授業という協働が行われ，授業と関係のないおしゃべりは私語とし

4

て注意されるでしょう。この授業という協働作業は 1 時間半ほど持続します。つまり，協働の場では，集まった目的に対して物，人，社会関係が活用されながら，協力的な作業が継続して行われていることが最も重要です。このように，複数の人間が協力して共通目的に向かって継続的に活動している場こそが**組織**といわれるものです。言い換えれば，物，人，社会関係をもとにして，ある程度の期間にわたり持続的に活動が行われている場が組織なのです。

> ○━ **キーポイント**
>
> 皆で一緒に何事かを成し遂げるために協働が必要で，それを続かせるために組織が必要！

2 組織をつくる

(1) 組織の定義

　協働には，一瞬で終わるものやごく短時間しか続かないものもありえますが，ここでは，協働がある一定期間継続している状態である組織を考えてみましょう。バーナード（C. I. Barnard）という学者は，組織を厳密に「2 人以上の人々による，意識的に調整された活動ないし諸力のシステム」であると定義しました。…何やら小難しく聞こえますね。諸力というのは，文字通り，その場に作用しているいろいろな力という意味です。

　ここで重要なのは，この定義によれば組織は単なる人々の集まりなのではなく，「意識的に調整された活動」であるという点です。活動が意識的に調整されているというのは，何らかの目的があって，その意図のために整備された活動という意味です。こうした活動は，建物や人間のように，一目瞭然，目に見えて存在しているわけではありません。しかし組織がないと，いくら物，人，社会関係があったところで全体としてうまく回っていかないのですから，意識的に調整された活動としての組織こそが，まさに協働の中核をなしているとい

えるでしょう（☞第2章，29ページ）。

　そして，この「調整された活動」には，多くの人々が関わって成り立っています。例えば，通常，企業組織に貢献しているメンバーといえば，従業員や経営者をすぐに思い浮かべますが，彼ら以外にも取引業者や顧客，地域住民といった人たちもまた，組織活動に関わっている場合があるわけです。

　もっとも，活動の調整される程度に照らせば，人々を「組織活動への貢献者」として一律に取り扱うことが必ずしも適切ではない場合もあります。例えば企業組織の従業員は，雇用契約の下で指示された仕事を遂行しますから，高度に意識的調整が施された活動を行っていると想像できますが，他方，顧客や地域住民は，当該企業のビジネスとコラボしているとか密にコミュニケーションをとっているといった場合は別にして，一般的には「意識的に調整されている」わけではありません。こうしたことから，特に強く調整が及ぶところで境界線を引き，特に直接指示命令によって活動が調整されているような人々を組織の内側と見なし，組織の構成員（メンバー）として扱うのが通例です。

---

 break time 1.1　チェスター・I・バーナードの組織観

　バーナードによる組織の定義はとても抽象的で，人それ自体を組織の構成要素からは除外している点に違和感を覚える人も多いでしょう。バーナードは，なぜこのような定義から組織を説明しようとしたのでしょうか。

　バーナードがアメリカの電話会社 AT&T に入社した 1909 年当時のアメリカは，大規模な製造業・小売業が台頭してきたところでした。AT&T も例にもれず拡大・発展と経営改革を繰り返し，バーナード自身も AT&T 傘下会社の副社長時代には組織形成・再編を行ってきました。そして，AT&T の社長に就任して以降，彼は不安定な時代と環境の中での経営の舵取りを迫られました。

　アメリカでは 1929 年の大恐慌以降，諸々の規制が強化され，労使関係環境も激変していましたが，ちょうどその頃，世界では社会主義国家が成立し，社会全体の理念実現のためには個人の主体性や自由の制約もやむなしとするファシズムの魔の手が台頭しつつある頃でした。こうした時代状況を深く憂慮したバーナードは，「組織」の定義から敢えて個人という要素を除外することを通じて，文化や価値観それぞれに多様な個人の存在を逆に強調しようとしたので

6

す。いわば，どんな組織であっても個人の主体性が活きるようにしたいという
彼の切実な思いが，この定義には込められていたといえるでしょう。

　のちにバーナードは AT&T の社長のみならずニュージャージー緊急救済局
の組織化に携わり，また合衆国商工会議所理事，病院評議会委員等を務めて地
域社会での貢献活動に従事するなど，さらに多方面に活動の場を広げていきま
した。1942〜45 年まで，YMCA など 6 つの機関からなる USO（米軍奉仕協
会）の会長を務め 1948 年にはロックフェラー財団理事長へも就任していま
す。

　参加メンバーによる自発的な協力を引き出すには何が必要なのか，組織の本
質はどこにあるのか―企業組織だけでない数多くの組織体の運営にあたってき
たバーナードが，組織と個人を同時に満足させ発展させる道を追求したことは
想像に難くありません。組織とは「2 人以上の人々の意識的に調整された活動
及び諸力のシステムである」という彼の定義には，組織に生きる個人の主体性
を重視したバーナードの熱い思いが込められているのです。

（Barnard（1938），邦訳，75 ページ）

(2)　組織活動に必要な要素

　さて，本章の冒頭にした一本道と岩の話に戻りましょう。岩を動かすために
多くの人を集めたとしても，各人がめったやたらに適当に力を出そうとしてい
るだけでは岩はうまく動かせません。各人の持ち場が適切に決められ，タイミ
ングを合わせて力を加えることにより初めて岩を退かすというミッションは成
功するのです。言い換えるなら，岩を動かすという共通目的の達成には，組織
メンバーに与えられたそれぞれの役割が責任をもって果たされ，かつ各人の行
為が共通目的の達成に向けてうまく調整されていることが必要です。

　先ほど見たバーナードによると，「コミュニケーションし合える人々が，共
通目的を達成するため行為しようとする意思を持つ」時に組織が成立すると表
現しています。つまり，組織がちゃんと機能している際には，「共通目的」と
「やる気」，そして「**コミュニケーション**」の 3 要素を観察することができるわ
けです。

　共通の目的，やる気，コミュニケーションのいずれが欠けても組織は機能し

ませんし，逆にこの3つさえあれば，組織は成立することになります。以下で
この組織成立の3要素を少し詳しく見てみましょう。

①　共通目的

　「調整された活動」というのは，人々の活動が共通の目的に向かって制御さ
れているという意味です。岩を退かす例では，一本道を通れるようにすること
が協働の最終目的となります。しかし，この目的を達成するにはその前に準備
しておかないといけないことがたくさんあります。例えば，岩を砕くために道
具を揃えたり，粉砕された瓦礫を運び出すルートを確保したり，岩を担ぐポジ
ションや担ぎ上げるタイミングについて事前に打ち合わせたりしておく必要が
あるでしょう。

　共通目的を達成するには，それをどのように達成するのか，達成するために
は何が必要なのかなど，目標を達成するための手段についても考えなくてはい
けません。そうして決められた手段をとることが次の共通目的となり，さらに
これを達成するための手段についての決定が必要になり…という按配で，ずっ
と繰り返されることになります。実際の組織活動は，こうした共通目的と手段
の連鎖を考慮に入れながら，どうするか一つひとつ決定しながら進めていくこ
とになるわけです。このように，組織としてどうすべきかを決めることを，経
営学では**意思決定**と呼びます（☞第3章，39ページ）。

②　やる気

　実際に協力して岩を運ぶには，各人がそれぞれに与えられた役割をきっちり
果たしていくことが鍵になります。岩を運ぶのに，実に多くの人たちが集まっ
てくれたと仮定しましょう。しかし，人々がそこに集められただけでは岩をう
まく運ぶことはできません。自分の役割をきちんと理解できていないために，
どう頑張って運べばいいのかわからない場合もありますし，とりあえずその場
にはいるけれども，実際の作業に関して他の人たちと協力することに前向きで
ない人だっているかも知れないからです。

　集まってくれた人たちに対して，目の前の作業に対する「やる気」を当然の
こととして期待することはできません。やる気を高めてもらうため，さまざま

8

な工夫を凝らし，仕掛けを考えてやる気を高めてもらう必要があります。こうした各人のやる気のことを，経営学では**モチベーション**と呼びます（☞第4章）。

③　コミュニケーション

　組織で人々の活動が調整されているというのは，より具体的には人々の間できっちり意思疎通ができていることを意味します。大きな目的を実現するためには，互いに分担している役割はバラバラに果たされるのではなく，常に連携しまとめられていく必要があるのです。

　まず，そもそも組織の目的をきっちり定める際に，メンバーと話し合うこと（コミュニケーションすること）が必要でしょう。また，共通の目的や手段が決まったとして，それらを各自の役割として人々にちゃんと伝えるためにもコミュニケーションは欠かせません。さらに，メンバーとの良好なコミュニケーションを通じることによって初めて，やる気を高めて協働に参加してもらうにはどういった工夫や仕掛けを用意すればいいかも把握できるのです。

　ある集団が組織であるといえるかどうかを判断するには，①共通目的があるか，②実際の作業に関わっているメンバーが高いやる気を見せているか，③メンバー間がコミュニケーションをとって連携しているか，という点を検討していけばいいことになります。

　逆に，人々が集まっている場合で，どういう場合が「組織」に当たらないかを考えてみると，組織の概念をより明確に理解することができるはずです。例えば，バス停でバスが来るのを待っている人たちがいますが，これは組織であるとはいえません。なぜなら，バスに乗り込むために彼らは列をなして並んでいますが，何ら共通の目的に向かって連携をとっているわけではなく，降車する場所もまちまちで，たまたま同じバスに乗るために待っているに過ぎないからです。組織の成立に必要な3要件のいずれも満たしていないことがわかると思います。

⑶　各人が役割を果たす

　ここまでの説明で，組織というのは単なる人々の集まりではなく，複数の人たちが大きな目的に向かって連携し，力を合わせて活動している状態であるということがわかりました。組織の定義における「調整された活動」という一言にはこうした点が含意されているわけです。

　ただし，実際にメンバーに連携して動いてもらうにあたっては，協力してもらうための何らかの仕掛けや仕組みが必要になってきます。こうした仕掛けや仕組みを決めて，それぞれの果たすべき役割分担を明確にしていく必要があるのです。

　複数の人で大きな目標を達成しようとする場合，まずは仕事を手分けして役割分担（**分業**）を決め，その後に各自がきっちりやれているかチェックし，もし全体としてうまくいっていなければ，それらをちゃんとまとめていけばいいと考えられます（こうした取りまとめのことを**調整**と呼びます）。巨大企業のような大きな組織では，こうした分業や調整に加えて，**指揮命令系統**や責任範囲もきっちり定められています。そうすることで，各メンバーは自分の役割を理解して引き受けることが可能になりますし，組織目的の達成へ向けた具体的なアクションを起こしていくこともできるようになるからです（☞第2章）。

⑷　組織を管理する

　これまで，組織がきっちり機能するためには，①共通の目的があること，②メンバーにやる気があること，③コミュニケーションがとれていることという3つが適切に連携していることが必要だということを学びました。もっとも，これら3つの連携を保ち続けながら協働を進めていくというのは意外に難しいものです。そのためになされなければならないのが組織の管理です。管理は，経営学では**マネジメント**（management）と呼ぶことが多いです。マネジメントという英語には，もともと「うまくやる」というニュアンスが含まれています（☞補章，216ページ）。

まず①の共通目的は，多くの場合極めて大まかで一般的ですので（例えば自動車会社では車を製造・販売することです），それぞれの状況に照らしてより具体的で詳細な目標と手段とに細かく分割され，最終的には組織のメンバー各自の役割として配分されるわけです。

次に，②のやる気を上げることですが，メンバーに単に「頑張れ」と励ますだけではなかなか彼らのやる気が上がらないでしょう。リーダーが適切なサポートをすることが必要です。あるいは，リーダーが逐一細かく指示しなくてもメンバー自身から自発的に動いてもらえるような工夫も大切です（☞第4章，第5章）。

さらに③のコミュニケーションに関してですが，最もシンプルなコミュニケーションは実際に対面して会話することです。ただ，組織に参加する人々が多くなればなるほど，メンバー全員が頻繁に顔を合わして話すことは難しくなります。そこで，組織の基本的な活動指針や行動のルールも定める必要が出てきますし，メンバーをいくつかの小さなチームに適切に分け，適切なリーダーを配置し機動的に組織を動かしていくといった方法も必要になってくるわけです（☞第6章）。

いずれにしても，組織を実際に動かしていくときにはマネジメントという視点が欠かせません。このテキストブックのタイトルにある「経営組織」という用語には，組織の機能や性質を学び，さまざまな組織現象を観察しながら，全体として組織活動をうまく継続させるというニュアンスが込められています（☞補章，221ページ）。企業における経営組織という場合には，企業での協働をうまく進めていくための組織マネジメントですし，病院における経営組織であれば病院での協働をうまく進めていく組織マネジメントということになるわけです。

○━ キーポイント

組織の成立には共通目的・やる気・コミュニケーションが必要で，メンバーが各自の役割を果たし，全体がうまくいくよう管理者がマネジメントすることが重要！

break time 1.2　他者と楽しく過ごす vs 組織全体をまとめる

　今日の社会で組織と全く関わりなく生活している人はいないでしょう。ここでは皆さんは，組織内部のメンバーとしての立場になります。企業組織の従業員は，その企業の組織人として働き，製品やサービスなどを作り出す活動をしながら，給料や地位などの報酬を確保しています。同時に，その人は家庭という組織の一員であり，地域コミュニティや趣味のサークルの一員でもあったり，さらに大学の OB/OG 会員であったりもします。人々は多様な組織に多重に所属しているわけです。組織の中で多くの時間を過ごすことによって，私たちの考え方や習慣，行動様式も組織の影響を強く受けています。そして，他メンバーもまた，皆さん自身と同様に，組織の影響を受け行動する主体です。したがって，組織内で他メンバーと協働する場合，彼らの行動やその背景を理解し予測する必要性がでてきます。こうして，皆さんは組織で他のメンバーとうまくやっていくためのスキルやテクニック，知識を身につけていかねばなりません。

　他方で，組織内で活動しているといっても，実際に他メンバーの活動をマネジメントする経営者や○○長と呼ばれる立場からは，また組織の違った面が見えてくるはずです。経営者にとっての組織とは，自らがイニシアティブをとり組織メンバーを動かしていくための道具のようなものかもしれません。しかし，組織はいったん形成されると，組織メンバーのエネルギーの相互作用によって非常に複雑で大きな力をもつ存在にもなりえます。また，組織のマネジメントに失敗し組織が崩壊するようなことになれば，組織メンバーの生活を左右する事態にも陥りかねません。マネジメントの機能を理解し，組織をきっちり生かし続けることが経営者や○○長と呼ばれる人たちの重大な役割となります。他メンバーと一緒に楽しく過ごすことだけを考えていては済まず，メンバーをうまく制御し，組織全体をマネジメントするという視点の方が大切になってくるのです。

　こうした後者の視点も存在することを知っているだけで，皆さんの日々の組織での過ごし方も変わってきますし，経営者や上司の言っていることも，我が身を超えて客観的に理解ができるようになるはずです。

3 活動を続ける

(1) 組織と個人の関係

冒頭に紹介した大きな岩を動かす例では，岩を協力して運び出し道が通れるようになれば協働の目的は達成されますので，その時点で協働は解かれ，組織は解消されることになります。

しかし，企業や病院，学校のように，いったん成立した組織を—新たに目的・目標は書き換えられていくかも知れないのですが—これからも長く継続させていく必要がある場合，あるいはそうした組織をさらに発展させていきたいような場合には，どういったことが必要になってくるでしょうか。つまり，組織活動のさらなる持続的成長や発展を考えた場合，どういったことが必要になるかということです。

まず，組織の目標は，大きな組織になればなるほど，おいそれとすぐに達成されるものばかりではなく，そのために下ごしらえし，小さな目標や中間目標を一つひとつクリアしていった後に，ようやく達成できるような場合がほとんどです。そのために，長い目で見て目標がどれだけ達成できるのかという問題を考えないといけません。

例えば，部活動の大会でいい成績を出すことが目標として設定されると，そこから逆算して，いつどのような練習をすればいいのか，どんな設備を利用するのか，組織体制はどうするのか，どうやって資金を工面するのかといった諸々の点を適切に考慮し，デザインしていかなければなりません。つまり，その組織でとられている組織構造やメンバーの役割，獲得した資源などがその組織にとって本当に役立つかどうかが評価されることになります。

ここで大切なのは，組織は自給自足の世界で活動しているのではなく，外部環境との相互作用（☞第7章，111ページ）の中で，成長・発展しあるいは衰退していくという視点です。例えば，ヒット商品のおかげでどんどん利益が伸びている会社でも，それに胡坐をかいて何もしないでいると，ブームの終焉と

ともに会社は途端に赤字に陥り，衰退していってしまうでしょう。

　組織は，自らの活動のために外部から原材料や情報，知識などの経営資源を
インプットとして取り入れアウトプットを生み出そうとしますが，これは他組
織でも同じことです。このことは，組織どうしが競争して顧客を奪い合ったり
インプットを得るために他組織と取引したりしていかなければいけないことを
意味しています。ですから，組織は，常に他組織や組織外部にいる人々や社会
と相互に影響し合って成り立っているという点を忘れてはいけません。周りの
状況変化に応じて，目標を適切に設定し，適切な手段を選択していく必要があ
るのです。したがって，組織の形を環境に応じて適切にデザインしていったり
（☞第7章）とか，他組織との関係性を考えて時には協力し合ったり（☞第11
章）といった可能性を考えることも，組織を成長・発展させるうえではとても
重要になってくるわけです。

　第2に，組織メンバー各人の欲求を満たすような要素（これを**誘因**と呼びま
す─例えば給料や昇進，達成感などです）を組織がタイミングよく提供し続け
ていくことが，人々に協力し続けてもらうための必須条件となります。した
がって，組織は人々にとって魅力あるものを提供できるよう経営資源（イン
プット）を十分に確保し，それらの効果的な組合せと活用（アウトプット）を
図っていかなければなりません。

　組織の成立した当初からいるメンバーの中には，組織の目的に心酔し，見返
りなど考えもせず**貢献**しようとする人もいるかもしれません。しかし，多くの
組織参加メンバーの場合，組織からどんな誘因があるのかを予想し，その誘因
が組織から要請される貢献と比べて同等以上と思われる場合にのみ，組織への
参加を続けようとするでしょう。「自分はそんな打算的ではない！」と憤りを
感じる方もおられるかもしれませんが，組織としては，この"誘因≧貢献"を
どの参加者との間でも成立させるために，参加者から受け取る貢献活動からア
ウトプットを産出し，他の参加者に提供する誘因を絶え間なく作り出していか
なければならないのです。

　このような組織と組織を取り巻く諸要因，組織参加者とのバランスは**組織均
衡**と呼ばれます。換言すれば，組織が均衡している状態とは，組織が人々を惹
きつけるのに必要となるさまざまな資源を獲得し，その活用に成功している状

図表 1-1　企業組織における組織均衡

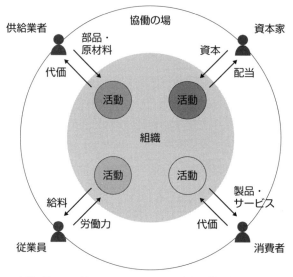

出所：桑田・田尾（2010），43ページを参考に筆者作成。

態であると言えるでしょう。企業組織におけるこうした均衡関係を示したのが図表 1-1 です。

⑵　組織と文化

　長期間にわたり成長し発展を遂げている組織では，他の組織とは異なる"雰囲気"や"空気感"のようなものが観察できる場合があります。そうした組織では，ある種の独特な感じを，メンバーの振る舞いやしゃべり方の中に発見できるかも知れません。例えば，同じ地域にある大学でも，大学祭やオープンキャンパスに行くと，大学全体のイメージ，校舎の造り，学生や教員の雰囲気に関して，目には明確には見えませんが，何らかの独特な特徴を大学ごとに見出すことができるでしょう。このような組織の独特な性質を**組織文化**といいます。

　こうした独特の雰囲気が醸成されるゆえんは，共通の目的を達成するメンバー間でコミュニケーションをとりながら状況に応じて目標を設定するという

ことを繰り返しているうちに，その組織の直接的な目的とは別個に，独特の思考の癖とかパターンが作られることがあるためです（☞第8章）。こうした思考の癖やパターンは明示的に観察できるわけではないのですが，組織を構成するうえで無視できない重要な要素となります。

このような組織文化が形成され，外部者からもそうした特異性が認められることになれば，今度はその組織が掲げるオフィシャルな目的に対してではなく，その組織の雰囲気や空気感が好きだからという理由から，その組織活動に参画しようとする人が出てくるかもしれません。こうして，組織文化も，組織を成長・発展させていくうえで重要な要素となりえるのです。

(3)　組織と変革

組織がつくられ，長時間が経過する中で組織文化が形成されていくことにより，組織はますます強い力を蓄えて成長していきます。しかし，大きな船は小回りがきかないように，大きく成長し過ぎた組織では周りの状況変化に機敏に対応できなくなるという事態に陥る可能性があります。また，組織メンバーが増えすぎ，それまで使ってきた指揮命令系統や情報伝達ルートがうまく機能しなくなるという事態が起こるかもしれません。

既存の組織で対処しきれない事態に遭遇した場合，組織のこれまでの仕組みを新しいものに刷新し，そうした事態へ対処していかなければなりません。長期間にわたり持続発展してきた組織では，過去に行ってきた組織活動が成功し，強い組織文化が形成されている可能性も高いでしょう。そうした状況のもとで組織の既存の仕組みを捨てて刷新していくのには，相当な困難を伴います。

ただ，たとえそうであったとしても，組織を取り巻く環境は時々刻々と変化していっているわけですから，組織を新たなものへ刷新していく作業は必要です。このように組織を自ら刷新していこうとする組織の行為のことを**組織変革**と呼びます。組織が新たに得た情報や知識が**イノベーション**を生み，根本的な組織の変革に繋がるきっかけを作る場合もあります（☞第9章，第10章）。

いずれにしても，いったん固まってしまった組織の変革は並大抵の努力では

なし得ません。誰が何をどのように変えていくのか，どういったステップを踏んで変革していくべきかといった諸々の点をじっくり考えながら，長期スパンの計画を立て，取り組んでいかなければならないのです（☞第12章）。

⌐ キーポイント

　組織活動を続けるには，組織が誘因と貢献のバランスを勘案し，刻々と変化する環境に対処していくことが必要！

演習問題

❶　「協働」および「組織」について，その概念上の異同を説明してください。

❷　あなたが所属している組織（サークル活動，アルバイト先の職場など）を２つ選び，それぞれについて組織成立の３要素を列挙してみましょう。その２つの組織間でこの３項目を比較し，どういった違いがみられるかをまとめて，なぜそうした違いがあるのか考えてみましょう。

❸　組織では「意識的な調整」が行われることを学修しました。他方，意識的ではない調整メカニズムとして，市場を通じた調整が挙げられます。経済学のテキストブックも参照しながら，組織と市場それぞれの調整メカニズムを比較し，どういった特徴の違いが見られるか，またそれぞれの調整メカニズムは私たちの生活にどのようなところに具現化しているか，議論してみましょう。

💡演習問題の出題意図と解答のヒントへGO ☞

PCからはこちら ☞ http://www.bunshin-do.co.jp/contents/5069/aim_ch1.html

---

📖 おすすめ文献

1 桑田耕太郎・田尾雅夫（2010）『組織論（補訂版）』有斐閣。
　◆組織と環境の関係がいろいろな角度から解説してあり，マクロ組織論（☞補章）や組織のダイナミズムを学びたい人におすすめです。

2 R・D・ダフト著，髙木晴夫監訳（2002）『組織の経営学―戦略と意思決定を支える』ダイヤモンド社。
　◆わかりやすい記述で初学者にも読みやすい一冊。組織の原理と組織の設計・マネジメントを学べる。

3　C・I・バーナード著，山本安次郎・田杉競・飯野春樹訳（1968）『新訳　経営者の役割』ダイヤモンド社。

　　◆ 近代組織論の発展に多大な影響を与えた古典。協働や組織，管理，リーダーシップといった重要概念が経営者の視点から展開されています。

第 *I* 部

組織をつくる

　ひとりではできないことを，多くの他の人々の力を借りて成し遂げるために組織が必要であることを前章で学修しました。この第 I 部ではそのための具体的な中身を詳しく見ていきましょう。

　第2章「組織の基本原理《組織構造》」では組織の姿かたちについて学びます。多くの人々が一緒に作業する（「協働する」）ことで大きなことが成し遂げられますが，そのためにはいろいろと条件を整えないとなりませんし，さまざまな問題も出てきます。そこで，多くの人々が協働するための原理をまず学修します。そして，この基本原理をもとにして，組織での協働作業や進むべき方向はどういうふうに決まっていくかのプロセスについて，第3章「物事を決める《意思決定》」で学修します。

　組織の姿かたちと意思決定の仕組みがわかったとしても，組織で協働する個々の人たちがやる気を出して取り組んでくれないことには，組織はうまく回っていきませんから，次の第4章では「メンバーのやる気を高める《モチベーション》」について学修します。また，やる気に影響を与える重要な要素のひとつが上司による部下の接し方ですので，このあり方について第5章「メンバーを引っ張る《リーダーシップ》」で学修します。

　ただし，現実の組織協働の場では，意思決定メカニズムや人のやる気は，一人ひとりの個人単位よりも，数名程度のチームの中で決まっていくことが多いです。こうしたチームワークのダイナミズムについて第6章「チームを組む《チームワーク》」で学びます。

第2章
組織の基本原理

《組織構造》

★この章で学ぶこと ●●●●●●●●●●●●●●●●●●●●●●●●●●●

　前章では，組織をつくると一人ではできないことを，多くの人の協力を得て成し遂げられることを学びました。ただ，人が集まりさえすれば自動的に組織の目的が達成されるかといえば，そんな簡単なものではありません。

　皆さんがチームで大学の授業やゼミの課題に取り組む時，図書館で文献を調べる人，フィールド調査に行く人，発表資料をまとめる人など，役割を決めておかなければ，文献はたくさん集まったけど，調査に誰も行けてないというような事態が起こり得ます。また，課題の進み具合をチェックして，作業が遅れている人をサポートしたり，先生とのやり取りをしたりして，スムーズな課題の達成を促すチーム・リーダーの存在も大きいはずです。

　このように，どのような組織においても役割分担を定め，メンバーの役割をうまくつなげていくことが組織設計の基本となります。では，役割分担にはどのような種類があるのでしょうか。また，役割同士を結びつけるパターンにはどういったものがあるのでしょうか。

　本章では，個人経営のカフェが規模を拡大していく中で直面した組織設計上の課題をどのように解決していったかの物語をもとに，組織づくりの基礎について学んでいくことにしましょう。

> 　この章で学ぶキーワード
> 　　◉組織設計　　◉分業　　◉調整　　◉職務拡大　　◉職務充実

1　組織をつくる際の基本原理

(1)　カフェ経営の難しさ

　学生時代からハワイ旅行が大好きだったヨシコさん。いつかはパンケーキ専門のカフェを開きたいといつも夢見ていました。大学卒業後，最初に内定をもらった飲食サービス業の会社に入社したものの，どうしても学生時代に憧れたパンケーキのカフェを持つ夢を捨てきれず，貯金を頑張って小さいながらも念願のパンケーキ・カフェを開店することができました。

　お洒落な家具を基調とする寛ぎをテーマにした店内はもちろん，バターとミルクにこだわったパンケーキは，仕事で疲れた甘いもの好きの女性の心を掴み，またたく間に人気になります。ヨシコさんは人気の波に乗って，店の隣の空き地を買い取りお店を拡張する決心をしましたが，これまでのように一人でお店の切り盛りはできません。

　そこで，アルバイトを雇ってスタッフを増やしました。ところが，暫く経つとお客さんからのクレームが多くなり，来店客数が日に日に減っていきました。このままでは，ヨシコさんのお店のパンケーキと雰囲気を気に入って足しげく通っていた，飲食店を手広く手掛けているイケメン経営者からのハワイアンなカフェ＆グリルのお店を一緒に経営しようとの嬉しいお誘いの話も流れてしまわないかと不安になって，ヨシコさんは夜もまともに寝られません。

(2)　役割と職務の理解

　どうすれば良いのか悩んでいたヨシコさんは，大学で所属していたゼミが経営学を専門としていたことを思い出し，ゼミの先生に相談に行くことにしました。

　久しぶりの近況報告は早々に切り上げ，ヨシコさんは今の悩みを先生に打ち明けると，先生は「どういう問題が起こっているか」と聞いてきます。ヨシコ

さんは準備してきたメモを見ながら，「お客さんがそれほど多いわけでないのに，案内まで待たされる」，「自分より後に注文した人の方が先にパンケーキが運ばれてきた」，「全く同じパンケーキを頼んだのに，自分と友人のとでは大きさが違う」などクレームのいくつかについて先生に話しました。

　すると先生は，「それは組織設計の問題だね」と即答し，図表2-1のような図をホワイトボードに書きながら，次のような説明を始めました。

図表2-1　役割と職務のイメージ

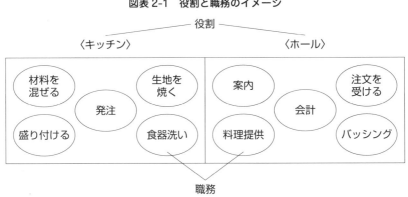

出所：筆者作成。

　どのような組織にも達成すべき目的があります。ヨシコさんのようなパンケーキのカフェであれば，美味しいパンケーキをお客さんに提供し満足して帰ってもらうことが目的になるでしょう。そのために，一貫して高品質のパンケーキを作る**役割**（キッチンの役割）と迅速かつ正確な接客を行う役割（ホールの役割）の2つが基本的に必要になってくるはずです。

　役割がお店のスタッフに与えられれば自動的に組織がうまく回っていくかというと，そう簡単では決してありません。お客さんにパンケーキの美味しい食べ方を説明するのが好きだからという理由で，ほとんどのホール・スタッフが料理提供だけをしてしまえば，当然，会計をするスタッフが少なくなり，レジでイライラするお客さんが増えるでしょう。

　そこで，ホールやキッチンの役割が全て完結するように，各々の役割を個人が担当する具体的な仕事に細分化することが重要になります。この細かく分かれた仕事のことを**職務**（job）と呼びます。例えば，キッチンの職務には「材

料を混ぜる，生地を焼く，盛り付ける，食器洗い，材料等の発注」が，ホールの職務には「案内，注文を受ける，料理提供，会計，バッシング（食器や残った食事などを片付ける仕事）」が挙げられます。これらの職務が満遍なくスタッフに与えられて滞りなく遂行されることが，お客さんの満足度を高めるうえで第1のポイントになります。

　第2のポイントは，役割と役割，もしくは職務と職務の連携をうまく取れる仕組みをつくることです。ホールとキッチンは独立して役割が実行されますが，それぞれが自分たちのペースで進めれば，問題が発生します。伝票上ではオーダーが通っているにも関わらず，料理が出来上がっていないケースは典型例です。ホール・スタッフはキッチン・スタッフにどのオーダーを優先すべきかを伝えることをルール化するといった，ホールとキッチンの役割・職務を結びつける工夫が必要です。

(3)　組織設計への着目

　このように「役割や職務の分担とそれらの関連の仕方」を**組織構造**（organizational structure）と呼びます。また，図表2-1のキッチンの職務に「翌日の仕込み」という分担を新しく加えることもできますし，あるいはホールにおいて案内と料理提供は同じ人が担当するような分担を組み合わせることも可能ですから，組織構造はさまざまなパターンを選択できます。こうした「組織の目標を達成するために必要な役割や職務の分担を定め，組織全体として機能するようにそれら個々の役割や職務をつなげる」行為のことを指して**組織設計**（organization design）といいます。

　特に経営組織論では，役割や職務の分担を決めることに**分業**，役割・職務を結びつけることに**調整**という学術的ラベルが付けられています。したがって，組織設計は分業と調整に変化を加えることと言い換えられますので，組織をつくる際の基本原理，つまり組織設計を成り立たせている基礎となる決まりが分業と調整ということになります。

　ここまでの先生の解説を受け，ヨシコさんは冒頭のお客さんによるクレームは組織設計の問題が原因であると先生が指摘した理由が何となく理解できたよ

うな気がしました。案内が来るまで待たされることへのクレームは役割・職務の分担（分業）に，注文が前後するとのクレームは個々の役割や職務の結びつけ・連携（調整）に問題があることを…。

　先生は，「組織構造はお店のオペレーションがうまくいっているときは意識されない。しかし，不具合が発生した際にお客さんの不満の大きな原因となる。空港のチェック・イン・カウンターで長蛇の列を目にした時，どうして手の空いているスタッフが対応しないのかと疑問に感じることなんかはまさにそう。普段，意識されないものだからこそ，組織構造の状態を定期的にチェックすることは大事」であることを強調しました。

　ヨシコさんは，組織設計についてさらに詳しく教えて欲しかったのですが，これから学会出張で外出とのことで時間切れとなり，最近，先生が執筆された経営組織論のテキストを手渡され研究室を後にしました。

○━ キーポイント
　　組織は分業と調整を基礎につくられる！

2　役割・職務の分担を決める方法：分業

　ヨシコさんは，先生からいただいたテキストで紹介されている分業と調整のパターンを自分のお店に当てはめながら組織をデザインしていきました。その結果，以前のように客足は増え，イケメン経営者とのコラボ計画も実現し，新業態のお店も軌道に乗り始めました。

　以下では，ヨシコさんが進めていった組織設計を確認しながら，分業と調整の具体的な内容について順番に見ていくことにしましょう。

(1)　役割や仕事を機能で分ける：機能別分業

　お店のオープン当初は，隠れ家的で小さなお店でしたので，カフェに必要な

役割・職務を全てヨシコさん一人で行っていました（図表2-2のA）。当然，Aさんがひと通りカフェの業務をこなすので，この時は役割分担や役割間の結びつきというような難しいことを考える必要はありません。

　ところが，店舗を拡張し，アルバイト・スタッフを雇い入れてお店の運営を試みようとする場合には，役割分担を明確にすることが不可欠なことにヨシコさんは気づきました。分担がはっきりしてないと，スタッフは自分が何をすれば良いか迷ってしまい，お客さんを待たせるなど滞っていた仕事がよく見受け

図表2-2　ヨシコさんのお店の組織構造の変化

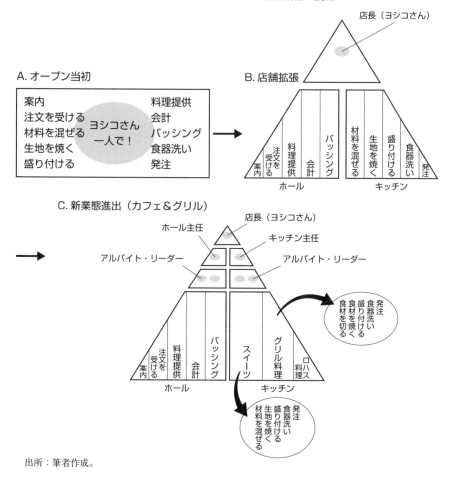

出所：筆者作成。

られたからです。

　そこで，はじめにヨシコさんはテキストの一番はじめに出ている分業のパターンのひとつである**機能別分業**に着目しました。機能別分業とは，役割や職務を機能ごとに分ける方法で（図表2-2のB），分業の最も基本的なパターンです。

　機能とは何らかの意味ある活動のことを指しますので，機能別分業は全ての機能が遂行されてはじめてモノやサービスが完成する点に特徴があります。例えば，材料を混ぜるだけでは，パンケーキはできませんし，食器を洗わなければパンケーキが出来上がっていてもお客さんに出せません。材料を混ぜる，生地を焼く，盛り付ける，食器洗い，発注という各々の機能を有する職務が揃うことでキッチンとしての役割が成り立ちます。

　ヨシコさんは，機能別分業の考え方を用いてお店のあらゆる職務を整理することにより，各々のスタッフは自身の担当が明確となり，お客さんが案内まで長時間待つというような問題が起きないようにしました。

⑵　同じような機能をまとめて役割・職務を分ける：並行分業

　新業態のカフェ＆グリルのお店は，「アメリカンな料理とオーガニックな素材を使ったヘルシーな料理の融合」をテーマとし，ヨシコさんが得意としてきたパンケーキを始めとするスイーツ，ジューシーな肉料理を中心としたグリル料理，そして女性に人気の高いロハス料理の3本柱としていました。

　ホールの分担は特に変えなくてもお店は回せそうですが，キッチンは今までと同じではうまくいきそうにないとヨシコさんは思いました。料理によって工程が異なるからです。図表2-2のCにあるように，グリル料理は食材を切る，食材を焼く，盛り付けるなどの機能から構成されますが，スイーツは材料を混ぜる，生地を焼く，盛り付けるといったグリル料理とは若干異なる機能を有します。個々のスタッフで料理を横断的に複数の機能を分担する形態であると，例えばグリル料理の食材を切る作業とスイーツの材料を混ぜる作業を担当することになれば，両者の作業内容が違うため，思考の転換が求められ，作業能率がその分低下します。

　そこで，ヨシコさんは類似した機能別分業を持つ職務をグルーピングして
いって仕事を分ける**並行分業**という考え方を基礎にキッチンの分業体制を再編
しました。この特徴として，それぞれが独立して作業（各料理ごとに機能別分
業）を行いますので，互いに影響を及ぼさない点が挙げられます。例えば，ミ
ルクとバターの仕入れミスがあってパンケーキが作れなくなったとしても，グ
リル料理とロハス料理の提供には問題を発生させません。

⑶　分業すると何が良いのか

　分業によって，スタッフの間で仕事を分担し合うことにより，①仕事の効率
が上がる（**A. スミス**），②人件費を抑えることができる（**C. バベッジ**）の大
きく2つのメリットがあるといわれています。

①　仕事の効率が上がる
　一般的には，ホールで案内だけするスタッフというように，ひとつの機能だ
けを担当するケースは大型チェーン店でもなければ稀かもしれません。ただ
し，お店が混雑時の忙しい状況では，ひとつの職務に集中した方が多くの仕事
をさばきやすいため，特定の仕事に専念することはそれほど珍しいことではな
いと思います。
　スタッフに委ねられる仕事が限定的になれば，その仕事に必要な知識やスキ
ルが向上します。料理提供と会計の両方の仕事を覚えるよりも，いずれか一方
のみを専門的にする方が仕事の習熟度はアップすることは容易に想像がつくで
しょう。習熟度が上がるほど，仕事のスピードも速くなっていくはずです。ま
た，同じ仕事を繰り返し行うほど，仕事を早く進めるコツのようなものを掴み
やすいでしょう。バッシングを何度も実施する中で，1回で複数のお皿とコッ
プを運ぶための工夫を習得することはまさにその事例だといえます。これらの
結果，仕事の効率が向上していきます。

②　人件費を抑えることができる
　複数の職務がある際に，可能な限り，いくつも仕事を遂行できる知識・スキ

ルを保有した人を雇うことが理想的です。しかし，そうした優秀な人材は必ず
しも多くいるわけではありません。

　例えば，スイーツ，グリル料理，ロハス料理の3つに精通する人を探すのに
困難を伴うはずです。それぞれの料理の専門性が高いからです。仮に探せたと
しても，希少な人材ゆえに他の飲食店との獲得競争になり，雇い入れるには非
常に高い給与を支払わなければなりません。

　そこで，スイーツ，グリル料理，ロハス料理を並行分業し，各々で得意な人
を集めてくることは，全てできる人を探し当てるよりも容易でしょう。また，
スイーツ，グリル料理，ロハス料理の3つとも対応可能な人を雇用するよりも
相対的に人件費は下がり，経済的なメリットが得られます。

---

o━ キーポイント

　さまざまな役割や職務を機能別もしくは機能のグルーピングによって分ける
ことで，仕事の効率が上がったり，人件費を抑制できたりする！

3　役割・職務の分担をつなげる方法：調整

　緻密に分業しさえすれば組織は順調に動いていくかというと，決してそうと
は限りません。キッチンはキッチンで，ホールはホールで独立して与えられた
職務に励んだとしても，キッチンとホールの連携がうまく取れていないと，ヨ
シコさんのお店で起きていた「自分より後に注文した人の方が先にパンケーキ
が運ばれてきた」というような問題が起こってしまいます。ホールがお客さん
に運ばれている料理の状況を見て，どのオーダーを優先すべきかをキッチンに
正確に伝えるといった，キッチンとホールの役割をつなげる調整が不可欠にな
ります。

　調整の仕方には，**直接的な対話，標準化，階層**の3種類があるといわれてい
ます。ただし，直接的な対話に関しては組織が大きくなるほど限界がありま
す。複数のホール・スタッフによって同一オーダーの優先順位がキッチンに伝

達されると，スタッフによって異なる情報がキッチンに与えられる可能性があるでしょう。その混乱した状況に対して，また調整が伴うことになります。

　直接的な対話はシンプルな調整方法ですが，このように現実的ではありません。そのため，以下では標準化と階層を取り上げて，ヨシコさんのお店の調整の仕組みを詳しく見ていくことにしましょう。

(1) ルールをつくる：標準化

　標準化とは，仕事の手順や手続きに関するルールを定めることで，一般的には**マニュアル**として整備することをいいます。飲食店であれば，レシピを明文化することや調理器具を均一にすることも標準化に含まれます。

　ヨシコさんは，キッチン・スタッフにパンケーキの作り方を口頭で教えていました。キッチン・スタッフはヨシコさんから教えてもらったレシピを熱心にメモしますが，聞き逃す人もいます。ヨシコさん自身も時には言い忘れもあるでしょう。この結果，同じパンケーキでも作る人によって大きさが異なるというクレームが起こってしまいました。そこで，パンケーキのレシピを文書化することにしました。レシピには，材料の分量，混ぜ方から焼き方，盛り付けの仕方までこと細かく記載しました。

　ヨシコさんは，ホールに対しても「お客様が入店してきたら，小さい子供が親を出迎える時のように駆け寄って元気よくいらっしゃいませという，予約の確認をする，案内する方向を5本の指が真っすぐ開いた状態で手をかざして笑顔で進む…」といった業務マニュアルを作成しました。

　もし，マニュアルがない場合，完成したモノやサービスの品質を一定にするための調整役（通常は，以下で述べるように店長などの上位者）が複数人必要になり，逐一，その人が個々の仕事の出来栄えをチェックしなければなりません。また，パンケーキが完成してから大きさが異なっていても後戻りできないため，材料を混ぜる職務を担当するスタッフは生地を焼く職務を担当するスタッフに望ましい生地となっているか相互調整を毎回しなければなりません。

　標準化はどのような従業員でもマニュアルに沿って仕事を進めれば，モノやサービスのクオリティが保たれるメリットがあります。マニュアルのお陰で

キッチンのスタッフによって出来上がるパンケーキの大きさや味が変わることはほぼあり得ませんし，ホール・スタッフによって接客の良しあしが大きく変動することを回避できます。ですので，ヒトによる調整が標準化により不要になるのです。

 break time 2.1　理想を追求した組織

　官僚制と聞くと，「手続きに則った冷たい対応」といった，どちらかというとネガティブなイメージを持っている人が多いと思います。

　官僚制は，ドイツの社会学者である **M. ウェーバー**によって工業化された世界で効率を徹底的に追求した精密機械のように動く組織を理想として提唱されました。官僚制の特徴として，高度な階層制に基づく管理や作業の専門分化，業務に就く人の個性によって結果に影響が現れないようにする没人格性，明文化された規則による管理，業績に基づいた昇進などが挙げられます。

　これらの特徴の中核をなすのが没個人性です。極端な表現をすると，没個人性とは職務を担当する人の感情を一切排除することを意味します。

　ウェーバーが没個人性を重視したのは，一人の天才的リーダーが組織を牛耳る「カリスマ的支配」，伝統的な世襲によって特定の人からリーダーが選ばれる「伝統的支配」が組織の永続的な運営を妨げると考えたからです。そのため，官僚制組織では組織メンバーには一定の規則のもと，細かく分断された専門的な職務を割り当て，高い専門的な能力を発揮する人が上位者に選ばれて指揮命令の権限が与えられます。こうした組織メンバーの情実を取り除き，公式の規則にしたがった支配の形態を，ウェーバーは最も正統であると考え，「合法的支配」と呼びました。

　こんな窮屈な組織は現代にはないだろうと思うかもしれません。しかし，皆さんの身近な組織にも今でも根付いています。例えば，大学で経営組織論の授業は「レポート20％，期末試験80％の配分で評価して単位認定する」といった決まりがシラバスに明記されているでしょう。この規則があるからこそ，試験を受けず，講義に出席しただけの学生には単位認定できないことを正当化できるわけです。

　したがって，官僚制は理念型，つまり実際の組織を成立させる究極のエッセンスだけを集めてきた理想の状態を表しているもので，そのエッセンスは程度

> の差こそあれ，今日の組織にも反映されていると考えられます。
>
> 　　　　　　　　　　　　　　　　　（M. ウェーバー著，世良晃志郎訳（1970））

⑵　上位者による調整：階層

　標準化は調整の仕組みとして優れていますが，弱点がひとつあります。それは，全ての役割・仕事をマニュアルに盛り込めないことです。標準化は「○○の仕事はこうすればうまくいく」というような予測可能な仕事状況を前提にしていますが，当然，予め想定できないことは生じます。例えば，お客さんのクレームは不測の事態の典型例ですが，その内容は多種多様ですし，同一のクレームに同じ対処法でお客さんは納得するかというと，千差万別で対応のあり方は経験に基づく暗黙知的な性質を有しますので，マニュアル化が難しくなります。

　したがって，人を介在させた調整も必要になってくるのです。組織に階層を設定し，特定の範囲で下位者に**指揮命令**ができる**権限**を与えられた上位者が調整役を担う方法です。人を仲介する調整といっても，階層による調整は全ての従業員が互いにコミュニケーションを取り合うものではない点に直接的な対話との違いがあります。

　図表2-2のBで店舗を拡張して，先生のテキストで学習した後，店長という階層をこれまでの役割・職務の上にひとつ設け，ヨシコさんがそのポストに就きました。店長となったヨシコさんのメインの仕事は，フロアーとキッチンの連携を促す役割とお客さんからのクレーム対応です。ヨシコさんはホール・スタッフが受けた注文がキッチンに適切に伝わっているかを確認し，料理の進行を見ながら，ホールとキッチンに指示を出したり，クレームに自ら応じたりすることにより，末端のスタッフ同士で調整する時間を削減できるようになるのです。

　新業態に進出すると（図表2-2のC），スタッフの数も多くなりますので，ヨシコさんだけで調整業務は厳しくなります。そこで，店長の下にホール主任，キッチン主任，アルバイト・リーダーという階層を新たに付け加えまし

た。ホール主任にはヨシコさんが担っていたホールとキッチンの調整役を委ね，キッチン主任にはグリル料理，ロハス料理，スイーツ全体を取りまとめる役割を定めました。また，アルバイト・リーダーには仕事が遅いスタッフのフォローをしてスタッフ間の分担がスムーズに流れるように調整をしてもらうことにしました。

　上位者には指揮命令権限だけでなく，通常，階層が上がっていくにしたがって難易度の高い役割・職務が割り当てられます。具体的には，考える仕事ほど上位の階層に，実行する仕事ほど下位の階層に分けることを意味し，縦方向の役割・職務分担とみなすことができることから，このような分業の仕方を垂直分業と呼ぶ人もいます。

　カフェ＆グリルのお店（図表2-2のC）では，店長は経営戦略の策定，キッチン主任は新メニューの考案，ホール主任はシフト作成，アルバイト・リーダーは新人教育といった，階層レベルに応じて難度の高い仕事を担当するようになっています。

⚬━ キーポイント

　分割された役割や仕事は，標準化と階層という方法を用いて互いにつなげることが重要！

4　人のやる気を高める組織設計の必要性

　ヨシコさんは，先生からいただいた経営組織論のテキストを読み込んでお店の組織設計を緻密に行ってきました。そのお陰か，カフェ＆グリルのお店はお客さんから高評価で，経営は順調でした。ところが，暫くすると辞めたいと言い出すスタッフがちらほら出はじめてきました。これまでの組織づくりに自信があったヨシコさんは，とても不思議でした。

　お店が大きくなり，普段スタッフと触れ合う機会がほとんどなくなったヨシコさんは，原因を探るべくスタッフにインタビューをすることにしました。す

ると，「単純作業を繰り返しやらされている感じがして，自分の仕事に意義が
見出せない」との声が多く寄せられました。ヨシコさんは，これまでお店全体
の効率性をとことん上げることを目的に分業と調整をデザインしてきました。
しかし，スタッフは感情を持つ人間ですから，まるで一瞬の狂いも許さない機
械のような研ぎ澄まされた組織設計はスタッフのやる気を下げていたのです。

　ヨシコさんは先生のテキストをもう一度読み返して，スタッフの意欲を上げ
る分業と調整になるよう組織構造を再設計しました。その内容について，以下
で詳しく見ていくことにしましょう。

(1) 役割・職務を広げる・高度化する

　ヨシコさんは，まず単純作業というスタッフの不満に着目して，「**職務拡
大**」(job enlargement) と「**職務充実**」(job enrichment) と呼ばれる方法
を用いて，スタッフの仕事のやりがいを向上させようと考えました（図表
2-3）。職務拡大と職務充実は，組織設計の中でも分業，つまり個人に割り当て
られた職務に再び変更を迫ることから，**職務再設計**（job redesign）といわれ

図表 2-3　職務拡大と職務充実

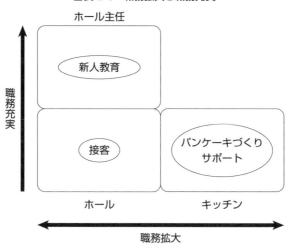

出所：筆者作成。

ています。

　ひとつめの職務拡大とは，仕事を横方向（水平方向）に追加して，担当職務のバリエーションを広げる手法です。ヨシコさんは他店の求人広告の「接客だけでなく，簡単な調理もやっていただきます」という注意書きをヒントに，接客担当のフロアー・スタッフに，お店が混雑していない時にパンケーキ作りのサポートもお願いすることにしました。このように，時々，性質の異なる業務を担うことにより，ホール・スタッフは仕事の単調感から解放され，モチベーションが高まる効果が期待されるでしょう。

　2つめの職務充実とは，仕事を縦方向（垂直方向）に加えて，担当職務の高度化を図る手法です。ヨシコさんのお店では，ホールのアルバイト・スタッフが新人教育をアルバイト・リーダーと一緒に行うことにしました。幅広い視野でスタッフの個性に合った指導ができるかが新人の習熟度に影響しますので，人材育成は容易な仕事ではありません。専門的で難しい仕事の要素を職務に含めることもまた，スタッフの意欲を上げるには効果的だといえます。

 break time 2.2　仕事の意義は自分で見出せるのか？

　職務拡大や職務充実の2種類の職務再設計の手法は，両者の特徴の違いはあれ，組織が個々人の職務をやりがいのある仕事に再編し，従業員はその仕事を待ち受けている関係を前提としており，受動的なニュアンスが強いといえます。

　これとは対照的に，従業員が主体的に自らの職務に対する認知や取り組み方を変えることで，モチベーションを高めていく「**ジョブ・クラフティング**」（job crafting）と呼ばれる方法があります。craft には職人が作品を自身の手で作り上げていく意味がありますので，ジョブ・クラフティングにはまさに従業員の能動性が重要視されているといえるでしょう。

　ジョブ・クラフティングは，「認知」（自分の仕事を細分化された単純作業ではなく，全体的な視点から意味を捉えること），「タスク」（現在の職務範囲の中でタスクを追加したり，仕事のやり方を変えたりすること），「関係性」（仕事で他者との関わりを増やすことや，その質を変えること）の3つに変化を加えることで達成されるといわれています。

　ジョブ・クラフティングの成功事例としてよく取り上げられるのが，東京

> ディズニーで働くカストーディアルキャストの働き方です。彼（彼女）らは，自身の役割を単なる清掃係ではなくエンターテイメントを提供するキャストの一員であると考え（認知），ごみ拾いだけでなく，箒でミッキーの絵を道に描いたり，道案内をしたり（タスク），またゲストとのコミュニケーションを密にとって（人間関係），一見，単純で退屈そうな作業を面白い仕事となるよう自律的に創意工夫しています。
>
> 　　　　　　　　　　　　　　　　　　　　（島津明人編著（2015），第 14 章）

⑵　役割・仕事の意味を感じさせる

　次に，ヨシコさんは仕事に意義が見出せないとのスタッフの不満に注目して，「分権化」と「マニュアルの更新」という手法を使って，スタッフのモチベーション・アップを図ろうとしました。

　ひとつめの**分権化**（decentralization）とは，意思決定の権限を階層の上位のレベルの人から下位のレベルの人に委譲することです。逆に，上位に意思決定の権限を集中させることを**集権化**（centralization）と呼びます。

　ヨシコさんは，アルバイト・リーダーが行っていたアルバイト・スタッフの配置や仕事の割り振りに関する意思決定を，経験年数が長いアルバイト・スタッフに委ねることにしました。こうすることで，アルバイト・スタッフはお店全体を回している店長のような感覚を得ることができ，俯瞰的な視点で自分の仕事の意味合いを認識することが可能になるはずです。

　なお，意思決定権限を委譲するやり方として，**組織フラット化**といって階層の数を減らす選択肢もあります。一般的には，フラットな組織にすると，下位階層の従業員に自由裁量の余地が広がるため，仕事のやりがい感を醸成できるといわれています。

　ただし，階層数の減少は上司の負担を増加させる点に注意が必要です。図表 2-2 の B は 2 階層，C は 4 階層で，B の方がフラットな組織です。B の組織で現場のスタッフが 5 人の場合，店長はスタッフを管理できるでしょうが，20人に増えるとスタッフ一人ひとりと平等に関わることが難しくなるでしょう。しかし，C のように階層が設けられると，店長はホール主任とキッチン主任の

二人をコントロールすれば良くなるので，店長の負担は軽減できます。

　一人の上司が管理できるスタッフの数のことを**管理の幅**（span of control）と呼びます。組織をフラットにしてスタッフの仕事意欲を高める際には，管理の幅に限界があることに留意しなければなりません。

　2つめの「マニュアルの更新」とは，現場のスタッフが使いやすいように，マニュアルに対する改善提案を認めることです。マニュアルがあると経験が浅い人でも安心して一定水準の仕事を達成できる利点があることは3節の標準化のところで説明したとおりです。

　ところが，マニュアル化を突き進めると，スタッフは手順にしたがって淡々と作業を遂行しがちで，どうしてそのマニュアルが望ましいのかを考えなくなるデメリットもあります。急いでいるため早く出てくる食事を注文したお客さんに，「ごゆっくりお召し上がりください」と言いながら料理提供する例はまさにマニュアル化の弊害です。

　ヨシコさんは，ある小売業で採用されていたマニュアルの問題点やお客さんに満足してもらうために盛り込むべき事項に気づいたら，それをマニュアルに反映して改良する取り組みを自分のお店に導入することを決めました。マニュアルに自身の意見が活かされることから，スタッフはマニュアルに即した仕事であっても意義を知覚しやすくなるでしょう。

〇━ キーポイント

　仕事のやりがいに配慮しながら，分業と調整に効率性を追求することが必要！

演習問題

❶　分業と調整の種類やその特徴，それぞれのメリット・デメリットをまとめてみましょう。

❷　自分やグループのメンバーが所属しているアルバイト先のマニュアルの問題点を箇条書きにしてまとめましょう。また，インターネットでアルバイト先と同じ業種のマニュアルを検索し，その内容を整理したうえで，アルバイト先のマニュ

アルについて改善の提案をしてみましょう。

❸　近年，フリーランスのような組織に所属しない働き方が増えつつあります。こ
のような流動的な働き方をする人たちを活かすために，どのような組織設計が求
められるでしょうか。従来の日本企業の組織構造の特徴に関する議論も参照しな
がら考えてみましょう。

💡 演習問題の出題意図と解答のヒントへ GO ☞

PC からはこちら ☞ http://www.bunshin-do.co.jp/contents/5069/aim_ch2.html

📖 おすすめ文献

１ 沼上幹（2004）『組織デザイン』日本経済新聞出版社。
　　◆ 組織設計の論理と基本原則について，詳しく解説されています。本章で説明した基本的な
　　分業と調整のあり方に加えて，さまざまな応用パターンが存在することが理解できます。

２ A・C・エドモンドソン著，野津智子訳（2014）『チームが機能するとはどういうこと
か―「学習力」と「実行力」を高める実践アプローチ』英治出版。
　　◆ 計画的な調整が困難な組織において効果的なチーミングと呼ばれる協働のあり方が紹介さ
　　れています。研究成果と具体例の両面から分かりやすくまとめられています。

３ F・ラルー著，鈴木立哉訳・嘉村賢州解説（2018）『ティール組織―マネジメントの常識
を覆す次世代型組織の出現』英治出版。
　　◆ メンバーの自主性を重視した新しい組織形態について説明されています。フラット型組織
　　など類似した組織構造との共通点や相違点に着目して読むと興味深いでしょう。

第3章

物事を決める

《意思決定》

★この章で学ぶこと ••••••••••••••••••••••••••••••••••

　前章では，組織設計のやり方について学びました。その際に，私たちは手持ちの情報から，どうすれば適切に組織設計や役割分担をしていくことができるか一つひとつ決めていかなければなりません。そこで，この章では組織で行われる意思決定について学んでいきましょう。意思決定とは，何か行動を起こす前に何をするのかを決めることです。日々の生活で，私たちは常に意思決定をして生活しています。組織でも同様に，「何をするのか」が日常的に決定されています。

　もっとも組織の意思決定では，個人の意思決定とは異なって，複数の人々が同じ目的のために協力できるような決定をしていく必要があります。大企業では数千人から時には数万人以上の人々が一緒に働いていますが，その人達が同じ組織のメンバーとして行動するための意思決定とは，どのようにしてなされるのでしょうか。そこでは個人の意思決定とは異なる，さまざまな問題が生じます。この章ではこうした組織の意思決定の特徴と，組織は実際にどのように意思決定をしているのか，また，組織の意思決定が陥りやすい問題点について学修します。

この章で学ぶキーワード
　　◉意思決定　◉限定合理性　◉組織人格　◉合意形成　◉集団浅慮

7　意思決定するとは

(1)　組織活動では誰が意思決定を行っているのか

　組織は複数の人々が同じ目的を達成するための協働の場です。組織が組織として活動するには，その組織の人々の共通の目的とは何なのか，その目的を達成するために何をすればいいのか，誰がどんな役割をし，それはどういうふうにすればいいのかということを誰かが決めなければなりません（☞第2章）。

　例えば，皆さんが学園祭などで何か出し物をしようとする時を考えてみてください。まず何をするのか，そのために必要な手続きや準備は何か，誰がどの準備を担当するのか，当日は誰がどのような役割をするのかなどを決めるでしょう。こうした**意思決定**は組織でも日常的に行われており，意思決定の最も基本的なものといえるでしょう。

　皆さんが学校やクラブなどで何か活動するときには，メンバー同士で相談してその都度合意を得ながら色々な事を決めることになります。これは**合議制**という意思決定のやり方です。意思決定に参加するメンバー間の発言権や責任は平等で，誰でも自由に意見を述べ，納得するやり方で決めることができます。

　こうした合議制の意思決定と，企業や政府などの組織で行われている意思決定に違いはあるのでしょうか。実は，企業や官公庁などの大きな組織では，合議制による意思決定はそれほど行われていません。企業組織の意思決定では，最も責任が重くまた他の人々よりも大きな発言権があるのは経営者です。官公庁では，その組織の長にあたる人に大きな発言権があります。この人たちは，組織を動かすための意思決定を担う責任を負っているのです。

　組織の人数が増え，組織が大きくなると意思決定する事柄も増え，一人ですべての事柄を決めることが難しくなります。また，組織のメンバー全員で合議制によって意思決定していくというのも現実的ではありません。そうなると意思決定する責任の範囲を分けて，それぞれの範囲で意思決定を担うリーダーを決めていかなければなりません。

　企業組織では，部署という単位で責任の範囲を分けています。経理部，人事部，営業部などといった部署には，それぞれ経理部長，人事部長，営業部長というその部署の意思決定の責任を担うリーダーがいます。それぞれの部署のリーダーを決めるのは経営者の役割です。なぜなら，経営者は組織のすべての意思決定の責任を負う立場にあり，自分に代わって意思決定をすることができる人物を選ぶ必要があるからです。

⑵　意思決定の際に何が問題になるのか

　私たちが意思決定する場合，意思決定の種類や時と場合によってはさまざまな問題が生じます。日常的な生活に関しては，朝何時に起きるか，朝食を何にするか，通学は電車に乗るのかバスに乗るのかそれとも徒歩か等，無数の意思決定をしているにも関わらず，それらを意思決定しているという自覚はほとんどないと思います。しかし，受験で志望校を決める時や，就職活動で志望する企業を決めるといった大事な局面では色々と悩み，慎重になることでしょう。

　このように，意思決定であれこれ迷い，慎重になって中々物事が進んでいかないという事態はなぜ生じてしまうのでしょうか。就職活動でどの企業を志望するのかを意思決定する場合を例にこの問題を考えていくことにしましょう。

　皆さんは，就職を希望する企業を選ぶとき，何を基準にするでしょうか。自分の将来の夢ややりたいこと，あるいは生活とのバランスなどさまざまな基準があると思います。そしてどの企業に入れば，自分のやりたいことが叶えられそうか，企業の説明会に参加したり，書籍やインターネットでその企業について調べたり，できるだけ多くの情報を収集するでしょう。

　もちろん，それらの企業について100%全ての情報を手に入れることはできません。また，そもそも自分が何をしたいのか，何を基準に会社を選べばいいのか曖昧だという人もいるかもしれません。しかし，期限までにどの企業を受けるのかを決めなければならないため，これならある程度満足できるだろうと思われる企業を選ぶことになります。

　このように，意思決定における最大の問題は，私たちが意思決定する時点では当該意思決定によって自分の目的を達成できるかどうか不確実であるという

ことです。それにも関わらず，私たちは何らかの意思決定をしなければならない状況に置かれてしまうのです。

　組織における意思決定においても同様のことが言えます。意思決定は組織の目的を達成するために行われますが，意思決定の時点ではその目的が確実に達成できるかどうかはわかりません。ですから，できるだけ多くの情報を収集し，慎重に検討して意思決定をしようとします。しかし，個人の場合と同じように，組織においても，結果を100％予測できるだけの情報を集めることは不可能ですし，ひとつの意思決定に無限に時間をかけて検討することもできません。したがって，限られた情報や時間の中で，これくらいなら満足できる結果が得られるだろうと思われる決定をするしかありません。

　ただし，個人の場合と違って組織における意思決定では，その決定が間違っていたり，目的が達成されなかったりした場合，多くの人に不利益を与えてしまう可能性があります。ですから，経営者や組織の長は，重い責任を負って意思決定しなければならない立場にあります。

　こうした，人間が意思決定の結果を完全に予測できない状態を，経営学の用語では**限定合理性**と言います。これは，サイモンという経営学者が，1947年に『経営行動（*Administrative Behavior*）』という著書の中で提唱しました。サイモンによれば，人間の認知能力（物事を理解し，理性的に判断する能力）には限界があるため，意思決定も，「最適解（最適なもの）」ではなく，その時点での「**満足解**（満足がいくもの）」にならざるを得ないといいます。

(3)　組織の意思決定が個人に受け入れられるにはどうすればよいか

　経営者や組織の長の意思決定が最適解ではなく，満足解にすぎない場合，組織の他のメンバーはその決定についてどう感じるでしょうか。自分自身で下した決定なら，たとえうまくいかなくても自分の中で納得ができるでしょう。しかし，他人が下した意思決定に従わなければならない立場で，その意思決定によっておこした行動がうまくいかないとき，それを納得して受け入れることができるでしょうか。

　多くの人々が関わる組織の意思決定では，他人の意思決定を組織のメンバー

はどうやって受け入れて，組織の一員として行動するのかという問題が生じます。企業などの組織では，その企業の経営トップ以外の組織メンバーは，多かれ少なかれ上司の意思決定に従って行動しています。

　もし組織メンバーが経営者や上司の意思決定に納得ができないと感じれば，その意思決定に従わないか，従ったふりをしながら仕事をごまかしてするようになるかもしれません。こうした状況が悪化すれば，組織メンバーは組織を離れてしまうかもしれず，ついには組織を維持することが困難になります。従って，組織の意思決定は，たとえ経営者や組織の長にその役割と責任が与えられていたとしても，組織メンバーが納得できる意思決定でなければなりません。

　では，どうすれば組織メンバーは組織の長の意思決定に納得するのでしょうか。第1の方法は，意思決定の方法や手続きを合理的にするというやり方です。皆さんがクラスで何か決めるときに使う「合議制」もそのひとつです。組織のメンバー全員が参加して意思決定をすれば，メンバーが納得しやすくなります。

　ただし，実際の企業など大きな組織では，一緒に仕事をしている課やグループなどの小さい集団では合議制ができても，大人数になる組織全体の意思決定は合議制によって決めることはできません。ですから，意思決定をする際のルールや手続きを明確にし，組織メンバーがたとえ自分がその決定に参加していなくても，「このような方法で決められたのだから納得できる，理解できる」という形を整えておく必要があります。

　第2の方法は，特に深く考えなくても組織の意思決定を受け入れることができるという状態にしておくことです。これは，組織の一員として行動しているうちに組織のルールや組織の慣習といったものが自然に身についていくことから可能になります。

　皆さんも，これまでの生活の中で，ある集団の暗黙のルールに自然に従うといった経験があるでしょう。これを経営学では**組織人格**という言葉で表します。個人の人格とは別の，組織の一員としての人格という意味です。組織人格が身につくと，組織の決定に対して特に疑問を感じなくなったり，あるいは，個人の決定と組織の決定を完全に分けて考えるようになります。「個人的には別の考えだけど，会社としてはこういう決定をしないといけない。」と考える

ようになります。個人の利害や信条に強く関わるような意思決定では，個人の人格を無視して組織の人格として意思決定したり，行動したりすることは難しいですが，特にそうでない限りは，自然と「組織人格」として行動することが当たり前になります。

　第3のやり方は，リーダーシップによる組織メンバーの統率です（☞第5章）。クラブやサークルのキャプテンやリーダーを考えてみてください。この人は信頼できる，この人の言う事なら納得できる，という人がいると思います。組織のメンバーが組織の長を，そういう対象として受け入れることにより，組織のメンバーは組織の長が下す決定を受け入れやすくなります。しかし，例え組織の長だからといって，組織メンバーが無条件にその人をリーダーとして受け入れる訳ではありません。その人のそれまでの実績や，メンバーに対する態度などから，組織メンバーにリーダーとして受け入れられるのです。

　実際の組織では，合議制を含む4つのやり方全てが混在しながら，意思決定が行われていると考えてよいでしょう。どれかひとつの方法によって，組織がまとまって行動できるわけではありません。

⑷　意思決定はどのようになされていくか

　意思決定とは，ただ何かを決定する瞬間の行為を指すのではありません。前述したように，個人においても組織においてもひとつの意思決定にいたるまでに，さまざまな思考と検討がなされます。ここでは，合理的な意思決定をしていくプロセスについて紹介します。

　合理的な意思決定の4つのプロセス（段階）は以下のとおりです。

①　意思決定の機会を見出す
②　可能な選択肢を生成する
③　選択肢の中から選ぶ
④　選択の結果を再検討する

　組織の意思決定では，すべての組織の意思決定がこうした合理的な手続きに

従って行われるわけではありません。むしろ，こうした意思決定によって決められる事柄はそう多くはない，というのが実情です。

　それは，組織がその目的を達成するために活動する中では，不確実な状況があまりにも多く，ここに挙げた意思決定プロセスの第一段階である，意思決定機会の発見でさえままならないこともあるからです。

 キーポイント

　　組織では完全に合理的な意思決定はできないが，組織メンバーに意思決定を
　　受け入れてもらうことが大事！

☕ break time 3.1　ハーバート・A・サイモンと意思決定

　ハーバート・サイモンは経営組織における意思決定研究の第一人者であり，その貢献は経営学だけでなく，心理学，政治学，経済学など幅広い分野に及びます。組織などにおける人間の意思決定過程の研究業績により，1978 年にノーベル経済学賞を受賞しました。彼は本章でも紹介した，人間の限定合理性を提唱し，これまで合理的な意思決定者を前提として研究されてきた経済学の意思決定研究に大きな一石を投じました。

　サイモンは何学者と呼べないほど，さまざまな学問分野に精通しており，その研究分野も経営学，経済学，心理学，計算機科学などにまたがるものとなっています。彼は 1916 年に生まれ，シカゴ大学で政治学の博士号を取得した後，イリノイ工科大学，カーネギー工科大学を経て，カーネギーメロン大学の計算機科学部教授および心理学部教授を務めました。2001 年に死去しています。

　組織の意思決定研究のほかに，コンピュータ・サイエンスの大家としても知られ，初期の人工知能の研究やコンピュータによる意思決定支援システムの開発も行っていました。

2　合理的な意思決定のために

(1)　組織の意思決定にはどのような種類があるか

　個人の意思決定にも日常の些細な決定から人生を左右する重要な決定など，さまざまなレベルや状況があります。同様に，組織の意思決定にもさまざまなレベルと状況がありますが，多くの場合，個人よりも複雑で社会に与える影響も大きくなります。ここでは，組織の意思決定にはどのようなレベルがあるのか，それぞれのレベルではどういったやり方で意思決定が行われるのかを見てみましょう（図表3-1を参照）。

　図表3-1にあるように，組織の意思決定は大きく2つに分かれます。まず，「**プログラム化**できるもの」というのは，ある程度，選択肢やその結果が決まっていて，繰り返し行われるような意思決定です。組織の意思決定の中で，日常的に行われている意思決定で，やり方がマニュアル化されており，同じやり方をすれば同じ結果が得られるような類の意思決定です。こうした意思決定

図表3-1　意思決定の種類と意思決定の技術

意思決定の種類	意思決定の技術	
	これまでの技術	これからの技術
プログラム化できるもの：日常的で繰り返し行われる決定	(1) 習慣 (2) 事務的な処理： マニュアル，標準化 (3) 組織構造： 目標の共有 指揮命令系統 分業	(1) 数理解析モデルやコンピュータを使ったシミュレーション (2) コンピュータによる情報処理
プログラム化できないもの：一度きりのパターン化できない決定 （一般的に問題解決と呼ばれる意思決定）	(1) 判断，直観，想像力 (2) 目の子算（概算，ぱっとみて把握すること） (3) 実績のある経営者を選ぶ	まだ開発の途中段階 例えば， (a) 意思決定のトレーニング (b) 汎用的な人工知能の開発

出所：Simon（1977），邦訳66ページを参考に筆者作成。

は，組織の比較的下位の層にある人々によって担われています。

　皆さんがアルバイトなどで担当する業務も，こうした意思決定にあたります。接客方法や，工場での作業などから，もう少し複雑な在庫の管理，原材料の発注や経理などの事務処理などが，「プログラム化できる」意思決定になります。「プログラム化」という言葉からわかるように，こうした意思決定は現代では機械やコンピュータ・プログラムによって，人の手を借りずに自動化されつつあります。人工知能（AI）も，この分野の意思決定に，導入されようとしています。前節で説明した合理的意思決定の４段階のプロセスがうまく取り入れられるのも，こちらのタイプの意思決定です。

　次に，「プログラム化できない意思決定」とは，状況がその時一度きりであったり，状況の完全な把握が難しい状態で，予め決められた選択肢のない状況の中での意思決定です。そのため，得られる結果もわからない状態で意思決定が行われることになります。

　こうした意思決定は，組織の中では管理者以上の職位にある人が担当しています。なぜなら，このような意思決定には，これまでの仕事の経験で培われた判断力が必要なため，ある程度訓練や経験を積んだ人が意思決定を担う必要があるからです。例えば，新規の事業に進出するか，どんな新製品を開発するか，企業の目標を何にするかなどです。

　こうした意思決定はプログラム化して自動化することはできません。その都度，人間がその経験と知識で解決していくしかありません。コンピュータがいくら正確で大量の情報を処理できるとしても，何が組織の目的達成にとって重要なのか，目的達成のためにどのような判断をすべきなのかという価値判断は，人間にしかできないからです。

　組織ではこのようにさまざまな意思決定をそのレベルや内容で分類し，部門や階層によって分担しています。意思決定の範囲やレベルを分担し，それぞれが自分の担当する範囲の意思決定に専念することによって，一人の人間による意思決定よりも合理的で思慮深い意思決定ができると考えられています。

⑵　感情が意思決定に影響する

　これまでは意思決定がいかに合理的に行われるのかについて，また，その際
人間の「限定合理性」から生じるさまざまな問題について検討してきました。
それに加えてここでは，意思決定を合理的に行いたくてもできないということ
を**感情**という点から考えてみましょう。

　意思決定はどんなに合理的にしようとしても，それが人間によって行われる
限り，非合理性を完全に排除することはできません。それは，人間の認知能力
の限界のためでもありますし，人間には感情があり，意思決定には人間の感情
が影響するという側面があるからです。

　感情は，最近までほとんど合理的な意思決定のために考えるべき対象とはさ
れておらず，感情が意思決定に与える影響についてもあまり問題とされてきま
せんでした。それは，「感情は非合理的なものであるから，なるべく合理的で
あるべき組織の意思決定からは排除しなくてはならない」という思い込みが，
研究者の間で強かったということがあります。近年になって，心理学や生物
学，神経科学の発展から，人間の意思決定と感情の関係が少しずつ注目される
ようになってきました。

　強い感情，恐れや怒りなどは，意思決定に影響を与えることがわかっていま
す。「ついかっとなって，怒鳴ってしまった。」などということは，強い感情に
よって合理的な意思決定ができなくなっている状態を表しています。通常の状
態ならば，「人を怒鳴る」という行為は，自分にとって不利益になるというこ
とがわかっています。しかし，強く感情を引き起こす刺激があり（例えば，信
頼していたのに裏切られるなど），それが怒りの感情となって喚起されると，
論理的な思考は吹き飛んでしまって相手を攻撃してしまうのです。このような
場合を考えると，意思決定にはなるべく感情を排除して，平常心で臨む必要が
あると言えるでしょう。

　しかし近年では，感情が意思決定に与える合理的な側面も注目されはじめて
います。それは**公正感情**と言われているものです。公正感情とは，目先の損得
を超えてなるべく公正に振舞おうとする感情のことを指します。これは他人の

目を気にしてそうするのではなく，そもそも人間の心に内在化されている感情なのです。

　経済学および経営学では，一般的に，人々は自らの利益を最大化するために行動すると考えられています。「合理的」とは，単に理性的であるだけでなく，こうした自らの利益を最大化することを指しています。これは金銭的な利益だけではなく，自分にとって満足や快感が得られるものすべてについて，自分の得になるように振舞うということを意味しています。

　「公正感情」による意思決定について，人々は「合理的」な意思決定とは異なる意思決定，つまり，自分がたとえ損をしても，公正を保とうとする意思決定をする傾向があるということが，実験によってわかっています。

　「公正感情」による意思決定を示す実験例をひとつ挙げておきます。「最後通牒ゲーム（ultimatum game)」と呼ばれるゲームで，以下のような手順で行われます。

① 　二人の参加者が「提案者」と「決定者」に分かれる。
② 　この二人に対して，仮に1万円が与えられる。
③ 　提案者は1万円を二人の間でどのように分配するかの案を作成し，決定者に提示する。ただし最小単位は100円である。
④ 　決定者は，提案者の提案をそのまま受諾するか，それとも拒否するかの決定をする。それ以外の選択肢（分配法の修正を要求するなど）はない。提案者の提案は最後通牒である。
⑤ 　もし決定者が受諾したら，その提案どおりに1万円が分配される。決定者が拒否したら，1万円は没収され，二人とも1円ももらえない。

　理論上は，決定者が自分の利益を最大化しようとすれば，たとえ自分の取り分が100円でも，何ももらえないよりはましなので，提案者の提案を受け入れるという決定をするのが最も合理的な意思決定です。一方で，提案者は自分の利益を最大化しようとすれば，相手には最小単位の100円を分配する提案をするのが最も合理的となります。しかし，この実験を実際に行うと，決定者に100円だけ分配する提案者はほとんどいないという結果になります。実験の設

定をさまざまに変えて行っても，結果はほとんど変わりません。

　ではなぜ人間は自分の利益よりも，相手との公正感を優先した意思決定をするのでしょうか。それは人間が集団で社会生活を送る上で必要なある種の習性であり，人間の社会，そして組織が高度に発展したのも，この公正感情が働いているためであるということが考えられます。誰もが自分の利益を最大化するために利己的な行動をとるとしたら，世の中は嘘や裏切りが蔓延するような社会になってしまいます。いくら法律を厳しくしたとしても，それを守らせるためには莫大な費用がかかってしまいます。こうした社会が長続きすることはありません。人間が公正感情を自分の利益よりも優先するのは，社会を維持するための合理的な判断だと言えるでしょう。

(3)　意思決定を支援する

　意思決定の非合理的側面は排除できないにしても，組織における意思決定はできるだけ合理的である必要があります。合理的な意思決定をするための支援手法を紹介します。「階層分析法（AHP：analytic hierarchy process）」という手法です。

　階層的と言われているのは意思決定の段階を，課題の設定（レベル1），評価基準（レベル2），選択肢（レベル3）という階層に分けて，それぞれについて意思決定していくためです。この手法は1971年にアメリカのサーティが開発しました。このやり方は評価基準や選択肢が多くなると計算が膨大になるので，実際にはコンピュータを使って計算するのが一般的です。旅行先の決定を例にこの手法を説明します。

　まず，第1段階として，意思決定する問題を決めます。ここでは旅行先です。次の第2段階で，旅行先を選ぶにあたって何を基準に決めるのかを決めます。費用や景色，食べ物，旅行にかかる時間など，自分が旅行を選ぶ際に必要だと思われる基準をすべて挙げます。次の第3段階では，第2段階で決めた基準の重要度を数値化しておきます。例えばかかる費用が最も重要なら5，その次は景色で4という具合です。第4段階では行きたい旅行先を全て列挙します。第5段階では旅行先をそれぞれの基準にあてはめて点数をつけます。最後

図表3-2　AHP の例

基準（重み）	京都		北海道		台湾		シンガポール	
費用　　（4）	5	20	4	16	3	12	1	4
日数　　（1）	5	5	4	4	4	4	1	1
景色　　（2）	3	6	5	10	3	6	4	8
食べ物（3）	2	6	5	15	4	12	3	9
合計		41		45		34		22

出所：筆者作成。

　に，つけた点数に基準の重みの数値を掛けた数値を合計します（図表3-2を参照）。この合計点を比較すると，どの旅行先が最も自分の満足のいくものになるかが一目瞭然になります。

　このような合理的な意思決定手法には問題点も存在します。第1の問題点は，合理的な意思決定手法がどんなに簡便であっても，意思決定者の認知的な負担（熟考することへの負担）が大きいために，結局，多くの人がこの方法を使いたがらなくなるということです。第2の問題点は，これらの意思決定支援手法で得られた結果に意思決定者が納得できないという事がしばしば起こるということです。

　これは人間の認知能力の限界と関係があると考えられます。どれだけ考えたとしても，基準の重みづけや選択肢への評価に関して100％確信が持てるような数値化は不可能です。人間がわざわざ面倒な計算をするのに違和感を覚えて簡単に意思決定しようとするのは当然のことでしょう。

⚬━ キーポイント
　組織は合理的な意思決定をするために多くの工夫を行うが，人間のする意思決定から非合理性を完全に排除することはできない！

3　集団での意思決定で注意しなければならないこと

(1)　合意の形成過程で生じるコンフリクトの問題

　これまでみてきたように，組織では意思決定する権限を分けて，権限を与えられている人が意思決定しています。もっとも，集団での合議制のように，複数の人々が意思決定に関わる場合には，意思決定に参加している全員の合意を形成していかなければなりません。

　難しいのは，同じ集団内であっても人々の判断の基準や，利害が全員一致することはほとんどないということです。考え方の違いから，合意に至るまでに対立が生じる可能性が高いのです。合意に至るには，そうした対立を何らかの方法で乗り越える必要があります。

　意思決定する参加者の間で利害関係があり，自分が得をすると相手が損をすると認識されている状態を**コンフリクト**といいます。コンフリクトを解消するには大きく分けて2つのやり方があります。ひとつは，一方が勝てば，他方は負ける（Win-Lose）というやり方です。もうひとつは，お互いに信頼関係を構築して，双方の利益が増える，Win-Win の形で解決しようとするやり方です。お互いにとって望ましいのはもちろん後者の方ですが，現実には常にWin-Win の解決策がとられるわけではありません。

　こうしたコンフリクトを解決する方法として，マーチとサイモンは，「問題解決」，「説得」，「交渉」，「政略」の4つを挙げています。Win-Win の解決ができるのは「問題解決」です。「問題解決」はお互いの目的を理解し，共有して，共通の解決策が得られるようにする方法です。

　他方で，「説得」「交渉」「政略」が用いられる場合は，お互いの利害が対立していて共通の解決策が見いだせない Win-Lose の解決方法です。「説得」では，一方が自分の目的を無視する形で合意形成する状態を指します。この場合，より重要な目的の達成のために，重要でない目的が無視されます。ただし何が重要な目的かということについては，お互いに共有されています。

「交渉」ではお互いの利害について一致する点がなく，双方が駆け引きをするなどしますが，最終的には「公平性」や「自明性」が解決策に求められます。最後の「政略」は，他者を巻き込んで意思決定関係者を拡大して，多数派を形成して合意しようというやり方です。

「問題解決」や「説得」は集団内のコンフリクトを解消する形で合意形成ができますが，「交渉」や「政略」は一時的には対立状態を解消できても，根本的にコンフリクトが解消されたわけではなく，また別の対立を生む可能性があります。

⑵　集団の意思決定の罠

集団での意思決定で，もうひとつ注意しなければならない点があります。それは，個人の意思決定とは異なって，集団で意思決定するからこそ陥るかもしれない落とし穴の問題です。

アメリカの社会心理学者であるジャニスが提唱した「**集団浅慮**（せんりょ）」はその代表的なものです。「集団浅慮」とは，「高い凝集性の集団に深く関与した人々が行動に関連する選択肢を現実的に評価しようとして，満場一致に至ることに過度に動機づけられてとる，素早くかつ安易な思考の様式」と定義されています。

ジャニスは，アメリカのキューバ侵攻や真珠湾攻撃に対する米海軍の対応などを詳細に分析して，高い専門性を持った優秀な集団であっても愚かな決定することがあるということを示しています。キューバ侵攻作戦は，1961年にCIAが主導し，ケネディ大統領が承認したものです。作戦は大失敗し，アメリカ側に多数の死傷者が出ました。ケネディ大統領をはじめ，CIA幹部や政府高官たちは，なぜこのような愚かな決定をしてしまったのでしょうか。

集団浅慮が起こる前提として3つの要因が挙げられます。ひとつ目は集団の**凝集性**が高いことです。凝集性とは，集団に属する人々の結びつきの強さ，集団としてのまとまりを指します。2つ目はその集団が属する組織の構造的欠陥です。具体的にはその集団が組織内で孤立している，公平なリーダーシップが欠如している，手続きを軽視する，集団メンバーの社会的バックグラウンドやイデオロギーが同じであるなどです。3つ目は外的なストレスが強い，リー

ダーの提案より優れた代替案がない，メンバーの自己効力感が低下しているなどの状況要因です。

　これら3つの条件が満たされると，その集団は満場一致での合意を求める傾向が強くなり，集団浅慮を引き起こします。集団浅慮に陥った集団は，自分たちの能力を過大に評価し，自分たちは正しいという信念を持つようになります。その結果，情報収集や選択肢の検討を十分に行わず，安易な意思決定を下す傾向が強くなっていくのです。

⚬━ キーポイント

集団での意思決定では意思決定者間の対立の解消が重要になるが，過度に意見の一致を求めると，合理的な決定ができなくなる危険性がある！

---

break time 3.2　悪魔のささやきが意思決定の失敗を防ぐ

　集団浅慮になるのを防ぐひとつの手段として「悪魔の代弁者（devil's advocate）」という手法があります。議論や集団で意思決定する際に，必ず反対意見を言う人を意図的に置いておくという手法です。

　これは1962年の「キューバ危機」の際に，ケネディ大統領が実際に使ったとされている手法です。ケネディ大統領は前年に，キューバへの侵攻で誤った意思決定をするという経験をしました。翌年，当時のソ連がキューバにミサイル基地を建設したため，大統領はキューバに対して空爆するかどうかの判断を迫られます。国防会議に参加した関係者の多数が空爆賛成派で，大統領自身も空爆に賛成していました。この時ケネディ大統領は，自分の弟であるロバート・ケネディ司法長官と側近のソレンセン大統領特別顧問に，「悪魔の代弁者」として出された提案に対して徹底的にそのリスクや弱点を突くように求めました。その結果，米ソの全面戦争にもつながりかねなかった空爆は回避され，キューバの海上封鎖をするにとどまり，アメリカとソ連は外交的な問題解決に向かうことができました。

演習問題

❶ 意思決定にはどういった種類があるか，またそのそれぞれにどういった技法が あるか，まとめてみましょう。

❷ 身近な組織，サークルやアルバイト先などの組織で誰がどんな意思決定を担っ ており，全体の意思決定はどのようなやり方でされているのかを考察してみましょ う。

❸ 集団での意思決定は，集団浅慮に陥る危険性があることを学修しました。では， 集団浅慮がなるべく起こらないようにするには，どのような工夫をすればいいで しょうか。集団浅慮が起こる「3つの要因」をもとに考えてみましょう。

💡 演習問題の出題意図と解答のヒントへGO ☞

PC からはこちら ☞ http://www.bunshin-do.co.jp/contents/5069/aim_ch3.html

📖 おすすめ文献

1 印南一路 (1999)『優れた組織の意思決定―組織をいかす戦略と政策』中央公論新社。
　◆ 意思決定の視点から組織と戦略について分かりやすく説明されています。

2 長瀬勝彦 (2008)『意思決定のマネジメント』東洋経済新報社。
　◆ 経済学から発展した行動意思決定論の解説書です。数式などはあまり使わず平易な言葉で 読みやすく書かれています。

3 H・A・サイモン著，二村敏子・桑田耕太郎・高尾義明・西脇暢子・高柳美香訳 (1997) 『新版 経営行動―経営組織における意思決定の過程の研究』ダイヤモンド社。
　◆ 経営学における意思決定研究の金字塔ともいえる名著です。決して簡単な内容とは言えま せんが，意思決定研究の基礎が詰まっています。

第4章

メンバーのやる気を高める

《モチベーション》

★この章で学ぶこと ••••••••••••••••••••••••••••••••

　組織メンバーがうまく協働し，組織で高い成果を出すために必要な要素のひとつとして，組織メンバーのモチベーション（やる気）があります。モチベーションとは，個人に特定の行動を積極的に取らせる源泉となる心理的な力です。経営組織論では，組織メンバーの高いモチベーションは，個人の成果の向上を促し，組織の最終的な成果に繋がると考えられています。そのため，組織のメンバーに，意欲的に役割を遂行してもらうことは，組織の管理者にとって，重要な仕事であるといえるでしょう。

　しかし，肝心のモチベーションは，目に見えない心理的なものです。そのため，管理者がメンバーのやる気を高めるためにはさまざまな工夫が必要になってきます。本章では，そうした組織メンバーのやる気を高める方法，つまり組織メンバーの動機づけを考えていくために，モチベーションの定義や，その管理方法についてみていきます。皆さんも，サークルや部活，さらにはアルバイト先といった身近な組織をイメージしながら，モチベーションを高める方法として，どんな手法が有用か，考えてみてください。

🔍 **この章で学ぶキーワード**
　●モチベーション　●外発的動機づけ　●内発的動機付け
　●課題遂行のプロセス　●職務特性理論　●目標設定理論

7　モチベーションとは

(1)　3つの次元で捉えるモチベーション

　本章では，これまで組織の成果を上げるために必要であるとして説明されて
きた，メンバーの「やる気」を**モチベーション**という概念として詳しく学んで
いきましょう。モチベーションは，個人に特定の行動を積極的に取らせる源泉
となる心理的な力のことをいいます。人のモチベーションを理解するために
は，モチベーションがどのような心理的要素によって成り立っているかを理解
しなければいけません。

　組織における人の心理や行動を研究している産業組織心理学や組織行動論と
呼ばれる分野では，モチベーションを，以下の3つの次元（側面）から捉えて
います。まず，**方向性**です。方向性とは，目標の達成や課題の遂行の理由，ま
たはそれらの方法の明確性によって表され，人の認知（物事に対する考え方
や捉え方）と関連しています。次に，**強度**です。強度とは，目標を達成するた
めに行う努力の量や意識の高さによって表され，感情と関連しています。最後
に，持続性です。**持続性**とは，そうした努力が費やされる時間の長さや継続す
る期間によって表され，報酬と関連しています。

　つまり，人のモチベーションを捉えるためには，これらの要素を同時に考え
なければいけません。例えば，いくら明確な目標を持っていたとしても，その
目標の達成に向けた努力を一切していなければ，その人はモチベーションが高
いとは言えません。さらに言えば，目標が明確でない状態で努力を続けていれ
ば，何のために努力しているかわからなくなるでしょうし，結果として，その
努力は長続きしないでしょう。また，明確な目標を持ち，努力し続けたとして
も，何らかの報酬が得られないと，落胆してしまい，努力することを止めてし
まうことも考えられます。このように考えると，モチベーションがいかに複
雑なものなのか，よくわかると思います。「モチベーション」と一言で言って
も，その内容は，複数の要素から成り立っており，またその要素はお互いに関

連しているのです。

(2) モチベーションの測定

　次に，モチベーションの高い人と低い人を判断する方法について考えていきます。既に説明した通り，モチベーションは心理的な力ですので目には見えません。モチベーションが低く，意欲的ではない組織メンバーを見つけ，更にその人を動機づけていくためには，何らかの方法で，モチベーションを測定する必要があります。以下では，そうしたモチベーションの測定の方法についてみていきます。

　まず，組織メンバーの日頃の行動を観察するという方法があります。与えられた目標や仕事に対して，どれだけ努力しているかどうかを，日頃の行動から推察するという方法です。例えば，遅刻や休み／欠勤の数を通じて，組織メンバーのモチベーションの高低を判断することが可能かもしれません。あるいは，特定の作業や課題に従事している時間の長さや休憩をする頻度を常に把握することで，組織メンバーがモチベーション高く活動しているかどうかを判断することも可能かもしれません。

　しかし，この方法は，遅刻の数や作業時間の長さを，その人のモチベーションと置き換えて測定しているだけに過ぎません。作業時間が長い人が，必ずしも意欲的であるとは限りません。また，周囲の状況や家庭の事情等で，遅刻や休みが多い人であっても，意欲的に働きたいと思っている場合もあるでしょう。これらのことを踏まえると，この方法だけで，組織メンバーのモチベーションの高低を捉えることは，難しいと言えます。

　次に，面談や質問紙（アンケート等）によって，モチベーションそのものを直接測るという方法があります。例えば，面談では，特定の目標や役割に対して，その目的や方法を理解しているかどうかを，その人に直接尋ねることが可能です。その人が話す内容の明確性を検討することで，モチベーションの方向性を測定することが可能であると言えます。また，アンケート調査を通じて，直接的にモチベーションの高低を調べることも可能です。例えば，課題や役割に対して意欲的であれば高い得点になる，意欲的でなければ低い得点になるよ

うなアンケートを設計し，組織のメンバーに配布します。

　アンケート調査による方法の良い点は2つあります。第1に，この方法は，モチベーションの高低を組織メンバー自身に答えさせることが可能です。遅刻の数や労働時間といった客観的な指標には現れてこない，組織メンバーの心理状態を把握することができます。第2に，組織メンバー同士の比較が可能になるという点です。同じ質問に答えるわけですから，モチベーションが高い人（高得点）と低い人（低得点）の判別が容易になります。産業組織心理学や組織行動論といった学問分野では，人のモチベーションを測定するための質問項目（尺度）が多数開発されています。組織の管理者は，これらの方法をうまく活用することで，組織メンバーのモチベーションをさまざまな視点から把握することに取り組むことができます。

　ここまで，モチベーションの定義やその把握の方法についてみてきました。組織のマネジメントでは，組織メンバーのモチベーションが，複数の心理的な要素から成立していることを認め，さまざまな方法で，モチベーションの高低を把握していく必要があります。というのも，組織メンバーは，組織に参加しているからといって，常に意欲的であるとは限らないからです。周囲の状況や自分の心理状態によって，モチベーションは簡単に変化してしまいます。しかし，意欲的に活動する組織メンバーの貢献がなければ，組織の目標達成は困難になるでしょうし，意欲的に活動するメンバーの不足は，組織の存続すら脅かすことに繋がります（☞第1章，13ページ）。

図表 4-1　組織メンバーの活動の流れとモチベーション理論

課題に着手する段階	課題を遂行していく段階	課題が完了した段階
【具体的現象】 経済的／社会的報酬の提示，課題の楽しさ	【具体的現象】 結果への期待，自発性	【具体的現象】 報酬の提供
【理論】 外発的／内発的動機づけ	【理論】 期待理論，自己決定理論	【理論】 組織的公正理論

出所：古川（2011），58ページを参考に筆者作成。

　モチベーションは，構成する要素が複雑で相互に関連しており，周囲の状況によって変化しやすいことがわかりました。そのため，組織メンバーが意欲的に活動し続けることができるように，組織やそのリーダーは，組織メンバーが課題に取り組んでいる状況に応じてさまざまな取り組みを行っていく必要があるのです。そこで以下では，組織メンバーが課題を遂行していくステージに沿って（図表4-1），モチベーションを左右する要因を学んでいきましょう。

> **o━ キーポイント**
>
> 　モチベーションは複数の心理的な要素から成り立っているため，その把握にはさまざまな工夫が必要！

2　組織の中でモチベーションを左右する要因

(1)　課題に着手する段階

　組織に参加した後，組織メンバーは，リーダーや管理者から課題や役割を割り振られ，それぞれがその遂行を求められます。それらの円滑な遂行を促すために，管理者は，まず，組織メンバーに課題や役割の遂行によって得られる**報酬**を提示しなければなりません。

　組織が組織メンバーに与えることができる報酬は2種類あります。第1に，**経済的報酬**です。これは，企業における給与や賞与といった金銭に関連するものが該当します。多くの場合，企業に参加し，そこで活動することで，人は生活に必要なお金を得ることができます。言い換えれば，人が企業に参加する目的のひとつとして，金銭の獲得があるわけです。第2に，**社会的報酬**です。これは，経済的報酬とは異なり非金銭的な報酬です。組織に参加することで得られる経験や，周囲からの賞賛が該当します。

　例えば，給与や賞与の詳細が不明の場合，その企業に所属している人たちは，報酬が得られるかどうかを不安に思うはずです。そのために，職務を放棄

するかもしれませんし，最悪の場合，その企業を辞めてしまうするということも考えられます。また，金銭的な報酬が発生しない学生サークル等の組織であっても，期待していたような経験を得ることができないのであれば，その組織の活動への参加をやめ，もっと面白そうなサークルに移るということが起こるでしょう。そのため，組織メンバーに対して，報酬を明示することは，組織の活動に取り組んでもらうために，非常に重要になります。このように，組織がきちんと報酬を与えることでメンバーを動機づけする方法を，**外発的動機づけ**と言います。

　一方で，報酬が明示化されていなくても，積極的に組織の活動に参加し，与えられた課題を頑張ってやり遂げようとする人もいます。このような人達にとって，報酬はさほど重要な問題ではないのです。おそらく，与えられた課題や役割の中に，独自の楽しさや面白さを感じているのでしょう。これは，趣味や遊びに夢中になっていて，時間が経つのをつい忘れてしまう感覚です。

　このように，課題や役割の遂行自体が，その人の動機づけの要因となっていることがあります。こうした動機づけを，**内発的動機づけ**と呼びます。内発的に動機づけられている組織メンバーは，当該活動自体に面白さを感じているので積極的に課題や役割に着手するでしょうし，その活動をより長く継続してくれるでしょう。

　しかし同時に注意が必要なのは，組織メンバーが，その課題自体に動機づけられているという点です。課題の内容を変更したりすると，その活動から得られる面白さがなくなってしまったり，何のためにやっているかがわからなくなる場合もあります。また，与えられた課題や役割自体に，喜びや楽しみを見いだせない個人は，こうした動機づけによるモチベーションの向上は期待できないでしょう。そうした組織メンバーに対しては，報酬を明示化することで，課題や役割の遂行に着手してもらうことが，有効な動機づけ方法になるでしょう。

⑵　課題を遂行していく段階

　外発的／内発的動機づけによって，意欲的に課題に着手したとしても，組織

メンバーのモチベーションは，常に高い状態で維持されるわけではありません。課題を遂行していく途中でさまざまな問題が発生し，当初に想像していたものよりも，課題の遂行がずっと難しくなる場合もあります。

　例えば，課題の遂行が予想外に困難であることがわかり，課題の達成が現実的ではないと組織メンバーが考えたとしましょう。この場合，課題の達成によって得られる報酬の獲得も難しくなるため，意図的に努力の量を減らしたり，課題の遂行を止めてしまったりすることが起こります。このように，結果への期待に応じて，努力量を変化させる個人の心理的プロセスは，**期待理論**と呼ばれる理論によって説明されています。

　期待理論では，個人の努力量の多さ（モチベーション）は，①努力によって成果が得られるかどうか，②その成果がどの程度の報酬に結びつくどうか，③その報酬が魅力的かどうかという3つの要素によって決定されると考えられています。課題に着手する時点であらかじめこれらの要素を独自に計算し（**期待値**の計算），努力の投入量を決める人もいるでしょう。また，課題を遂行していく中で，その都度期待値の計算を行い，努力の投入量を変化させる人もいるでしょう。このように期待理論では，組織メンバーのモチベーションの変化をダイナミックなプロセスとして捉えることができます。

　また，結果への期待だけが，組織メンバーのモチベーションを左右するわけではありません。例えば，課題を遂行していく途中において，管理者からの指示が増加し，やらされ感が強くなってくると，組織メンバーのモチベーションは低下してしまいます。このことは，前述の内発的動機づけにも関連します。内発的動機づけは，活動に自発的に取り組む時に，強く発生すると言われています（自己決定理論）。そのため，自分から進んで活動しているのではなく，他者からの命令によって活動しているという感覚が強くなると，内発的動機づけが弱まってしまうのです。また，このような状態が悪化すると，他者からコントロールが強くなり，組織メンバー自身が自分をコントロールできなくなる事態に陥ってしまいます。そのような状態が続くと，組織メンバーは，言われるがままに業務をこなし続けることになり，結果として，心身を病んでしまう（バーン・アウトや鬱状態）ことも起こり得るでしょう。つまり，自己決定や自己コントロールができる状態を維持することが，組織メンバーのモチベー

ションの維持に繋がると言えるのです。

⑶　課題が完了した段階

　課題が完了すると，組織メンバーは自分の努力と成果に見合った経済的・社会的報酬が提供されることを期待します。彼ら／彼女らは，成果に応じた賞与や，成果に対する周囲からの賞賛を受けたいと望むでしょう。しかし，組織メンバーの活動は特定の課題が完了したら，そこで終了するわけではありません。

　組織活動の目的は，成果を出しながら組織自体を存続させていくことです。組織を存続させるためにも，組織メンバーには特定の課題が完了したら，すぐに次の課題に着手してもらう必要があります。このような継続的な貢献を組織メンバーから引き出すためにも，報酬は重要になります。例えば，精一杯努力し，周囲が期待する成果を出した組織メンバーが，自分が得た報酬が不当に低いと感じた場合，そのメンバーはどういう心理状態に陥るでしょうか。もしかすると，モチベーションが一気に下がり，新しい課題に対して前と同程度の努力をしなくなるかもしれません。つまり，新しい課題に対するメンバーのモチベーションを左右するという意味で，課題完了後の報酬の提供の方法が重要になるのです。

　新しい課題に対するモチベーションを引き出すために，管理者が報酬の提供を行う上で注意しないといけないことは，組織メンバーが納得する方法で，報酬を提供することです。例えば，組織から提供される報酬が不当に低い場合，その組織メンバーは次の仕事でも努力に見合った報酬が得られないだろうと予測して，もっと良い報酬をもらえる組織に移ってしまうでしょう。

　また，同じ組織内で，同程度の成果を出している他のメンバーと比べて，自分の報酬だけが不当に低いと感じた場合も，その組織メンバーは，不満を感じ，努力することを止めてしまうかもしれません。さらに言えば，成果に対する評価が，管理者の好みといった恣意的なものであったり，不明瞭であったりする場合，組織メンバーがその報酬の提供に納得することは難しいでしょう。報酬に納得していない組織メンバーは，新しい課題に対しても，同様の結果

（納得できない報酬）を招くと予測するからです。そのため，組織メンバーから，新しい課題に対するモチベーションを引き出すためには，組織メンバーの皆が納得できる報酬の提供の方法を考案しなければならいのです。こうした報酬と組織メンバーの納得性やモチベーションに関わる考え方は，**組織的公正理論**から導かれたものです。

　ここまで，組織メンバーの活動の流れに沿って，モチベーションを左右する要因について検討してきました。組織メンバーが組織から与えられた課題や役割を遂行していく途中，彼ら／彼女らのモチベーションは，さまざまな要因に左右されます。管理者は，そうしたさまざまな要因に目を向けながら，組織メンバーのモチベーションの維持に取り組まなければいけません。つまり，モチベーションの維持が，組織メンバーだけの問題ではなく，組織のマネジメントの問題であると言えるのです。では，組織はメンバーのモチベーションの維持やマネジメントにどのように取り組めば良いのでしょうか。以下では，組織においてメンバーのモチベーションを管理するための方法についてみていきましょう。

○╾ キーポイント

　課題を遂行していく段階に応じて，組織メンバーのモチベーションは，さまざまな要因に左右される！

３　組織におけるモチベーションのマネジメント

(1)　課題を通じて人を動機づける

　組織メンバーのモチベーションは，課題の特徴にも左右されます。課題自体の面白さや楽しさだけではなく，達成感や責任感を感じることができるような課題は，個人のモチベーションを高めることが知られています（**動機づけ－衛生理論**）。そのため，管理者は，課題や作業の内容を改善することで，メン

バーのモチベーションを高めることが可能です。

　また，組織メンバーのモチベーションを高める課題の特徴として，技能多様性，タスク完結性，タスク重要性，自律性，フィードバックの5つが重要であるといわれています。技能多様性とは，課題を遂行するのに必要な技能にどの程度のバラエティが必要とされているのかの度合いを示しています。タスク完結性とは，課題の流れの全体に関わっている度合いです。タスク重要性とは，その課題の出来栄えや達成が組織へどれほど影響を持っているかの度合いです。自律性とは，自分なりに工夫して仕事のやり方が決められる度合いを示しています。フィードバックとは，課題の進捗状況を理解するためのアドバイスや指示が貰える度合いを意味しています。組織メンバーが，与えられた課題がこれらの5つの特徴を十分に持っていると認識している場合，その課題はメンバーのモチベーションを引き出す課題になります。このような，モチベーションを高めるものとして，組織メンバーに与える課題そのものの特性に着目した考え方は，**職務特性理論**と呼ばれています。

　一方で，こうした5つ特徴を十分に持っていないと認識された課題や作業は，メンバーからモチベーションを引き出すために，マネジメントとして改善されなければなりません。管理者は，アンケート調査等を用いて，課題に対する組織メンバーの認識を把握し，課題や作業の方法の改善を通じて，メンバーのモチベーションを高めていく必要があります。

　例えば，タスクの完結性や，自律性が低いと認識されている課題は，組織メンバーがより積極的に関与できるように，**職務再設計**される必要があるでしょう（☞第2章）。また，組織メンバーが，タスク重要性が低いと認識している場合，管理者は，その課題が組織に対して持つ影響を，明確にメンバーに伝えるようなフィードバックを増やす必要があるでしょう。

　日々の業務や課題の遂行は，組織メンバーが組織において最も時間を費やす対象であると言えます。そのため，日々の業務や課題の内容を，メンバーのモチベーションを引き出すように改善することは，組織におけるモチベーションのマネジメントにとって，非常に重要な問題なのです。

break time 4.1　満足は，人のモチベーションを引き出すか？

　モチベーションを捉える考え方として，人の持っている欲求に注目するものがあります。睡眠欲や食欲といった生理的なものから，多くのお金を得たい，人から尊敬されたいといった社会的なものまで，欲求の種類はさまざまです。こうした欲求が満たされていない状態だと，人は，不満や不安を感じます。そのため，人は，その不満や不安を解消するための行動を積極的に取るだろうと考えるのが，欲求に注目したモチベーションの考え方です。この考え方の下では，個人のモチベーションを引き出すためには，欲求を満たす要因を提供することが重要だとされています。不満や不安を解消するために，人は動機づけられるというこの考え方は，一見，非常に説得力があります。

　しかし，継続という観点から見ると，この考え方には注意が必要です。というのも，一度その欲求が満たされてしまう（満足感を得る）と，欲求を満たすための努力や行動は終了してしまうからです。現状に満足してしまうと，それ以上努力しなくなるという事態は，自分自身も含めて，私達の周りにもよくあることだと思います。つまり，満足を提供することに終始してしまうと，かえって，個人のモチベーションを低下させてしまうのです。そのため，モチベーションを継続的に管理するという観点から考えると，満足を提供する（欲求を満たす）以外の方法で，モチベーションの維持に取り組む必要があると言えます。

⑵　目標が人を動機づける

　また，目標の設定の仕方を工夫することで，組織メンバーのモチベーションを引き出すことも可能です。**目標設定理論**では，具体的かつ適切な目標を設定することが，モチベーションの向上において重要であることが指摘されています。つまり，「do your best」のような曖昧な目標よりも，適度に困難で，具体的であり，達成の過程でフィードバックがある目標を設定する方が，組織メンバーのモチベーションを引き出す上では，有用であるということです。また，そうした目標は，他者から強制されるよりも，個人が主体的に設定し，その目標を受け入れることが大事になってきます。

　達成することが難し過ぎるような目標を設定してしまうと，人はそれに着手する前に諦めてしまうかもしれません。また，簡単な目標を設定してしまうと，努力することすらしないかもしれません。そのため，達成の難易度が中程度の目標を設定することが，人からモチベーションを引き出す上では重要になります。さらに，目標の具体性やフィードバックの有無は，自身の進捗状況を組織メンバーに理解させ，目標との距離感を明確にする機能を持ちます。また，適度に困難な目標は，目標と現状の差を生みやすくするため，組織メンバーの努力を引き出すことが可能です。最後に，自己決定された目標は組織メンバーの目標達成に向けた**コミットメント**（覚悟や責任）を引き出すことに繋がります。つまり，組織メンバーがその目標に納得して，自ら目標を設定することが大事になります。そのため，管理者は，自分の目標や考えを押し付けるのではなく，あくまでも，組織メンバー自身の目標設定を手助けするような形で，サポート役に回る必要があります。面談等を通じて，目標の難易度や具体性に関する適切な情報を提供し，組織メンバーの目標設定を助けることが，組織の管理者には求められるのです。

---

 break time 4.2　目標設定の功罪

　目標設定理論でも触れましたが，目標とは，組織メンバーのモチベーションを管理する上で重要な役割を果たします。組織の管理者は，メンバーの目標設定をサポートすることで，目標を通じてメンバーの行動やモチベーションを間接的に管理することが可能になり，メンバーも目標を参照しながら，自律的に課題を遂行することが可能になります。

　しかし，この目標を通じた管理には副作用があることが指摘されています。具体的には，目標の達成に集中するあまり，目標の達成のためには，何をやってもいいんだという認識に，メンバーが陥ってしまうことがあります。このような精神状態を，ボトムライン・メンタリティ（Bottom-Line Mentality）と呼びます。このような状態は，組織メンバーに，自分だけが得をするような行動を取らせることになります。自分の目標の達成が何よりも優先されるため，周囲の邪魔をすることや，不正行為をすることが，組織メンバーの中で正当化されてしまうのです。このような精神状態を持った組織メンバーは，おそら

く，意欲的に自らの課題や職務を遂行してくれるでしょう。しかし，同時に，周囲や組織に良くない影響をもたらすことも容易に想像できます。そのため，管理者が組織メンバーの目標設定をサポートする際は，目標の特徴だけではなく，その達成に向けた方法（倫理基準や不正行為をしない等）にも配慮する必要があると言えるでしょう。

(3)　組織の管理者が注意しないといけないこと

　最後に，組織メンバーのモチベーションを管理していく上で，組織の管理者が注意しなければいけない点について見ていきます。まず，管理者が一方的に組織メンバーのモチベーションを支配するような事態は避けなければいけません。組織の管理者は，報酬の提示や，課題の内容の充実，さらには目標設定の手助けを通じて，組織メンバーのモチベーションに大きく関与することになります。しかし，モチベーションのマネジメントで重要なのは，あくまでも組織メンバーの**自律性**や自発的な決定です。

　内発的動機づけや目標設定理論の説明の際にも触れましたが，管理者による一方的な押し付けは，組織メンバーのモチベーションを低下させてしまう恐れがあります。管理者は，組織メンバーの主体性を認め，彼ら／彼女らのモチベーションの維持や向上をサポートする立場に立たなければいけません。課題や目標設定を通じたモチベーションの管理は，組織メンバーのモチベーションの維持をサポートするための道具であり，管理者が自らの都合によって振り回すものではありません。そのため，管理者は，自らの管理の方法も，組織メンバーのモチベーションを左右する要因であるということを自覚しておかなければなりません。

　次に，組織メンバーの高いモチベーションが孕む副作用についても注意が必要です。高いモチベーションを持つ組織メンバーは，特定の課題や作業により積極的に取り組むことが考えられます。しかし，特定の課題や作業に集中するあまり，それ以外の行動に対しては目を向けなくなるかもしれません。例えば，自らの課題に熱中するあまり，他のメンバーを手助けすることをしなくな

るかもしれません。また，自らの目標の達成のために，他のメンバーの活動を妨害したり，違法行為や非倫理的な行動をとったりするかもしれません。

　こうした高いモチベーションが孕む副作用は，結果として組織の発展を脅かす諸問題を引き起こしたり，組織不祥事の原因にもなったりします。高いモチベーションが孕むこうした副作用についても，管理者は，組織メンバーの日頃の行動を注意深く観察しながら，対処しなければいけないでしょう。

　ここまで，組織メンバーの動機づけについてみてきました。組織メンバーのモチベーションはさまざまな要因に左右されます。そのため，管理者はそうした要因に目を向けつつ，組織メンバーのモチベーションを高く維持するようにサポートしていかなければいけません。第7章以降で学ぶように，組織の持続的発展を考える上で，組織の目標や戦略，構造といったマクロ的な要素は，もちろん重要です。しかし，組織の存続を担うメンバーの活動の活力となるのは，彼ら／彼女らのモチベーションです。そのため，組織メンバーのモチベーションを，個人の問題とせず，組織の問題として考えていくことが，組織の存続の鍵となると言えるでしょう。

○━ キーポイント

　管理者は，課題の再設計や目標設定の工夫を通じて，組織メンバーのモチベーションを高く維持しなければならない。

演習問題

❶　組織メンバーのモチベーションを測定する方法を，モチベーションの特徴を踏まえながら，考えてみましょう。

❷　組織メンバーのモチベーションを左右する要因を，課題の遂行プロセスに沿いながら，整理してみましょう。

❸　組織の管理者が，組織メンバーの高いモチベーションの副作用を防ぐためには，どのような取り組みが必要か，考えてみましょう。

💡演習問題の出題意図と解答のヒントへGO ☞

PC からはこちら ☞ http://www.bunshin-do.co.jp/contents/5069/aim_ch4.html

📖 おすすめ文献

1 古川久敬（2011）『組織心理学』培風館。
  - ◆ 組織に対する心理学的アプローチが網羅されており，モチベーション以外の幅広いトピックを網羅しています。

2 G・P・レイサム著，依田卓巳訳，金井壽宏監訳（2009）『ワーク・モチベーション』NTT 出版。
  - ◆ 目標設定理論を提唱した著者による一冊。本章では取り上げることができなかったワーク・モチベーションの諸理論やワーク・モチベーション研究の歴史を理解するのに役立ちます。

3 D・ピンク著，大前研一訳（2015）『モチベーション 3.0』講談社 + a 文庫。
  - ◆ モチベーションに関する考え方を，内発的動機づけに注目しながら，わかりやすく整理した一冊です。

第5章
メンバーを引っ張る

《リーダーシップ》

★この章で学ぶこと ••••••••••••••••••••••••••••••••••

　メンバーのやる気は，本人自身の問題であるほかに，リーダーによるメンバーへの接し方からも大きく影響をうけます。そこで本章では，リーダーからメンバーへの影響のメカニズムを考えていきます。

　組織には目標があり，その目標を達成するために人が集められます。そこでは，メンバーのやる気の程度はそれぞれに違うはずです。では，リーダーがどのようにメンバーを引っ張っていけば，メンバーがやる気を高めて組織目標に向けて努力してくれるのでしょうか。本章では，メンバーのやる気に働きかけていくことについて，リーダーシップという観点から検討していきましょう。

　まず，組織にはリーダーが必要な理由，リーダーがメンバーを引っ張るにはパワーとリーダーシップという異なる接し方があることを学びます。そして両者の違いを認識した上で，リーダーシップとは何かについて詳しく学修していきます。

　次に，優れたリーダーとはどんな人か，何をしているのかを探るリーダーシップの資質論，行動論といった諸アプローチ，さらに状況適応のリーダーシップ，変革型リーダーシップ，サーバント・リーダーシップなど，多様なリーダーシップ・スタイルについて学んでいきます。

　これらの学修を通して，あなた自身が実際にリーダーシップを発揮する場面ではどのようにメンバーに接すれば良いのかについて，あわせて考えてみてください。

🔍 **この章で学ぶキーワード**
　●リーダー　●リーダーシップ　●パワー　●変革型リーダーシップ
　●サーバント・リーダーシップ

1　リーダーのメンバーへの接し方

(1)　リーダーの必要性

　企業組織はもちろんのことですが，部活や委員会，授業のグループワークといった組織にも必ず**リーダー**が存在します。部活のキャプテンや部長，委員会の委員長，グループリーダーなどは，なぜわざわざ選出する必要があるのでしょうか。リーダーたちの役割とは何でしょうか。そしてメンバーたちは常にリーダーの思い通りに動いているでしょうか。

　例えば，部活の目標が全国大会出場だとしましょう。この目標を達成するには，部のメンバー全員がやる気を高めてひとつにまとまり，与えられた役割を果たしていかなければなりません。注意しなければならないのは，最終目標の全国大会出場についてはメンバー皆が目指すところではあっても，日々の練習では必ずしもメンバーのやる気を期待することはできないということです。そこでリーダーは，日々メンバーのことをよく観察し，臨機応変にメンバーのやる気を引き出していかなければなりません。そして，メンバー全員がそれぞれの役割を果たせるようにしさまざまな工夫を凝らし，組織目標の達成に向けてメンバーをひとつにまとめていく，このような役割が求められるのです。

　組織にリーダーが存在しなければ，メンバー個々人のやる気に依存するだけになるので，多くの場合は組織目標を達成することは困難となるでしょう。一人ではできないことをみんなで協力してやり遂げるために組織を形成したのにもかかわらず（☞第1章，4ページ），このような事態が生じてしまうと本末転倒となってしまいます。このことから，リーダーは組織になくてはならない存在で，非常に重要な役割を担っていることがわかります。

(2)　メンバーの反応

　リーダーは，組織に不可欠な存在であることがわかりました。しかし，組織

にリーダーというポジションさえ配置すれば，メンバーはやる気を高めまた組織目標の達成に向けて全員がひとつにまとまっていくものでしょうか。もしそうであれば，どんなリーダーの下でも，私たちのモチベーション（☞第４章，58ページ）は同じで，きちんと成果を上げることができるはずです。

　これまでに参加した部活や委員会，グループワークなどを振り返ってみてください。リーダーに引っ張ってもらって行動を起こし，成果につなげることができたといえる場合ばかりではないでしょう。このリーダーだったから，しんどい時も頑張れたといったことがあったかもしれません。また，組織全体としても，メンバーの気持ちがひとつにまとまったと感じられる瞬間や，反対に最後までまとまらずに空中分解してしまう時もあるかもしれません。

　このように実際の組織活動では，メンバーのモチベーションの程度は，リーダーの働きかけによって，かなり左右されます。もう少し具体的に言うと，「この人についていこう」「リーダーがそう言うのなら頑張ろう」と思う時や，逆に「せっかくのやる気が損なわれた」と感じる時，仕方なくしぶしぶやっている時といったメンバーの多様な反応は，何かしらリーダーの働きかけの違いによって生じていると考えられます。メンバーからポジティブな反応を導き出しモチベーションを高めていくためには，メンバーに対するリーダーの接し方としてどういったことが必要になってくるのでしょうか。

⑶　パワーによるメンバーへの接し方

　リーダーがメンバーを動かすために，いちばん手っ取り早い方法は**パワー**に委ねることです。パワーとは，「リーダーがそうさせようとしなければしなかったであろうことをメンバーにさせること」と定義されています。

　例えば部活で，キャプテンと監督の先生の言うことで中身は全く同じであっても，それを言ったのがキャプテンであれば適当に聞き流すかもしれないのに，先生が言ったのであれば従うことがあります。それは，先生の言うことをきかないと叱られる，怖い，といった**強制力**や，言うことを聞いておかないとレギュラーから外されるかもしれない，といった**報酬力**が先生にはあるからです。しかし，同じ生徒の立場であるキャプテンに強制力や報酬力を感じること

は稀でしょう。このようなキャプテンには無いけれども先生が持つ強制力や報酬力といったパワーで，メンバーは先生の言うことを受け入れざるを得ないというメカニズムを生じさせるパワーを**公式の力**と言います。

　また，仮に生まれながら才能に恵まれていて，ずば抜けて能力の高い選手がキャプテンのケースを考えてみましょう。彼／彼女のすごさから，キャプテンの指示をみんなが素直に聞くことがあります。このように，その個人の優れた能力によってメンバーが言うことを受け入れさせる能力のことを**専門力**と言い，これもパワーの一種です。そしてこの専門力は先ほどの公式の力に対して**個人の力**に分類されます。強制力や報酬力がなくても，専門力というパワーによって，メンバーが指示を受け入れるというメカニズムも存在します。

> **○━ キーポイント**
> リーダーにパワーが備わっていれば，メンバーを引っ張っていくことができる！

２ 誰にでも発揮できるリーダーシップ

(1) リーダーに求められるリーダーシップ

　では，強制力や報酬力をもつ先生や，専門力を持つすごいキャプテンだけが，リーダーにふさわしいのでしょうか。もしもそうでない人がリーダーになったら，組織を率いることは不可能なのでしょうか。そうであれば，私たちの多くは，自分がリーダーになんて到底なれるわけがないと思ってしまうことでしょう。

　結論から言うと，適切な訓練をすれば誰にでもメンバーをまとめ組織を率いていくことはできます。その場合に必要になってくるのが**リーダーシップ**のスキルです。リーダーとリーダーシップという言葉はとても似ていますが，意味するところはかなり違うのでここで整理しておきましょう。

　リーダーというのは，組織で一定の権限が与えられたポジションのことであり，またそのポジションについた人のことを指します。これに対して，リーダーシップとは「一定の目標を達成するために，個人あるいは集団をその方向に行動づけるための影響の過程（プロセス）」であると定義されています。リーダーシップは，個人の特性ではなく，他のメンバーや集団への何らかの影響作用なのです。ですので，リーダーという名前がついた人が，当然にリーダーシップを発揮しているというわけではありません。逆に，リーダーでない人であっても，仲間に強い影響作用を及ぼしリーダーシップを発揮している場合があるわけです。

　リーダーについていくメンバーのことを**フォロワー**とも呼びます。リーダーシップを発揮するためには，リーダーとフォロワーの間で一定の目標が存在していることが前提です。そのために，リーダーはフォロワーの理解と合意を得るようにさまざまな方法で働きかけていかなければなりません。この働きかけによって，フォロワーの意識が変わったときリーダーシップが実際に発揮されているということができます。こうしたリーダーとフォロワーのやりとりを経て，フォロワーからの自発的な協力を得ていくことがリーダーシップには強く求められるのです。

　先ほど説明したパワーによってメンバーを動かす場合は，厳密には共通の目標がなくてもよいでしょう。権限あるリーダーの言うことにメンバーがただ従うという依存の関係こそが，メンバーを動かすために原動力となっているからです。これに対して，リーダーシップによって人を引っ張る場合には，共通の目標を持った上で，リーダーからフォロワーへの働きかけを通じて実際にフォロワーの意識やモチベーションに変化が生じることが重要です。これによって，フォロワーからの主体的な行動が期待できるのです。この違いは，パワーとリーダーシップを理解するうえでの重要なポイントです。

　次に，リーダーシップがなぜ影響プロセスとして捉えられているのか，また，リーダーシップスキルとして具体的に何が必要になってくるのかについて，リーダーシップ研究の流れを追いながら検討していくことにしましょう。

break time 5.1　フォロワーシップ

　近年リーダーシップ研究分野で注目されているひとつに**フォロワーシップ**があります。リーダーが優秀で頑張るだけではダメで，フォロワーがリーダーを認め，受け入れてはじめてリーダーシップは成り立つものです。したがって，リーダーの存在のみならず，フォロワーの存在も重要であることに気づきます。

　日本に初めて紹介されたフォロワーシップ研究によれば，フォロワーシップは2つの要素から構成されるとしています。ひとつ目は，自分で考え，建設的批判をし，自分らしい考えをもつ「独自のクリティカル・シンキング」，2つ目はイニシアティブを取り，責任をもち，担当業務以上の仕事をする「積極的関与」です。この2つの要素を兼ね備えたフォロワーが「模範的フォロワー」で，フォロワーシップを発揮するのです。そして「独自のクリティカル・シンキング」に対して「依存的・無批判な考え方」，「積極的関与」に対して「消極的関与」としてマトリクスにすると，下図のように模範的，順応型，孤立型，消極的，実務型の5つのタイプのフォロワーに整理することができます。

図表 5-1　フォロワーの類型

独自のクリティカル・シンキング

依存的・無批判な考え方

出所：Kelly（1992），p. 97 を参考に筆者作成。

　この分類から，模範的フォロワー以外のタイプのフォロワーは，模範的フォロワーに近づいていく必要があることがわかります。

⑵　優れたリーダーはどんな人か

　リーダーシップは誰にでも発揮できるとはいうものの，やはり私たちがイメージする優れたリーダーは，カリスマ性を持ちさまざまなパワーを持った人であることが多いでしょう。リーダーシップ研究も，まず優れたリーダーに備わっている能力や資質といったものがあるのか，あるとすればそれは一体どういったものなのか，を探求することからスタートしました。こうしたアプローチを**リーダーシップの資質論**と言います。まず，「どんな人がリーダーになっているのか」ということ，次に「優れたリーダーの資質とは一体何なのだろうか？」という問いが立てられました。リーダーシップの資質論についてさまざまな研究結果をまとめると，おおむね以下のような資質が優れたリーダーには備わっていると整理できます。

① 　自信をもった言動（決断力，一貫性）
② 　社交性および対人的技能（人間関係の円滑な順応性）
③ 　活動性（エネルギッシュ）
④ 　責任感（信頼性，確実性，結果を伴う）

　「自信をもった行動」は，優柔不断でなくいつも自信満々，決断すべき局面ではズバッと決断し，その決断にはブレが無い…というイメージでしょう。しかし，自信満々でも自己中心的では，周囲はついていきません。「社交性」が備わり，他人に気を配り良好な人間関係を構築していくのに長けていることも必要であると考えられます。また，優れたリーダーには常に高い「活動性」が見られ，リーダーの周りもそのエネルギーに影響されて活性化していくでしょう。そしてもちろん，リーダーは自身の行動や決断の結果について，自ら「責任」を負わなければなりません。裏返して言うと，リーダーは強い責任感に支えられて，決断や行動をおこし高い成果に結びつけていくことができると言うことができます。

　ところで，あなたはこれら①～④の資質をすべて兼ね備えていますか。ま

た，あなたの近くに存在するリーダーは，これらをすべて兼ね備えているでしょうか。良きリーダーになるためには，これらの資質をひとつでも多く，また少しでも持つように努力する必要はあるのでしょう。しかし，周りをよく観察すると，これらのすべてを持ち合わせていなくても優秀で魅力的なリーダーは存在しているものです。

　リーダーシップと資質には何かしらの関係があることは間違いありません。しかし，優れたリーダーは資質の有無のみで決まるものではないということもまた事実です。そこから，優れたリーダーはどのような行動をしているだろうか，という問いを立てたのが**リーダーシップの行動論**と言われるアプローチで，1950年代から盛んに研究されるようになりました。

⑶　誰にでもリーダーシップは発揮できる

　例えば，毎年必ず旅行に行く家族で，家族旅行のリーダーシップをとっているのは誰でしょう。子供が小さいときは，行先や旅程など計画するのはお父さんかお母さんであることが多いでしょう。それが，子供がだんだん大きくなってくると今度は子供たちの方が率先して旅行の企画をたてるようになるかもしれません。明らかに，子供は家族の中で強いパワーを持っているわけでもなく，先に説明した何らかの資質に優れているので家族旅行をリードできているというわけでもないでしょう。

　このような場合にも，楽しく良い思い出になるような家族旅行ができたのであれば，確かにリーダーシップは発揮されていたといえます。では，リーダーシップがうまく働いているとき，リーダーはどういう行動をとっているのでしょうか？　それによって，フォロワーはどのような影響を受けるのでしょうか？　このような問いに答えようとしたのがリーダーシップの行動論でした。

　初期の研究は，米国のミシガン大学とオハイオ州立大学を中心に展開されました。ミシガン大学の研究では，①**仕事中心型**（job-centered supervision）と，②**従業員中心型**（employee-centered supervision）の異なる2つのリーダーシップ行動と，それぞれの生産性との関係を明らかにしたものです。①の仕事中心型とは，仕事のことを細かく管理し，職務中心の圧力をかけるような

行動を指します。また逆に②の従業員中心型とは，仕事のことに関しては大まかにかつおおらかに管理し，細かいことについては従業員や部下に任せるような行動を意味します。この研究では，好業績部門リーダーの86％が従業員中心型のリーダーシップ行動を，低業績部門の70％のリーダーが仕事中心型のリーダーシップ行動を取っていることが明らかにされています。

また，オハイオ州立大学における研究では，①**構造づくり**と②**配慮**の2点によってリーダーシップ行動は構成されると整理されました。前者は仕事に対して強い関心を持てるようにするための仕組みを作ること，後者はいわゆる人間的な配慮を示すことを意味しています。この研究では，最も有効なリーダーシップ行動は高構造・高配慮の組み合わせであり，次に有効なのは低構造・高配慮の組み合わせであることが明らかにされています。

リーダーシップの行動論研究としては，九州大学の教授であった三隅先生が開発した**PM理論**も世界的に有名です。Pとは業績を表すPerformanceの頭文字で，**仕事志向**のリーダーシップ行動のことです。またMとは集団維持を表すMaintenanceの頭文字で，**人間関係志向**のリーダーシップ行動のことを指します。日頃から高いレベルで行っているリーダーシップ行動については大文字で，あまり行っていない場合は小文字で表すとすれば，P行動とM行動の組み合わせは図表5-2の通りとなります。

図表5-2　PM理論のリーダーシップ・スタイル

出所：三隅（1978）を参考に筆者作成。

　この研究では，最も有効なリーダーシップ・スタイルは PM 型，次に有効なのは pM 型もしくは Pm 型，最も有効でないものは pm 型であることが明らかにされています。

　これらのリーダーシップ行動論に関する 3 大研究は，①仕事や課題に直結した行動と，②人間としての思いやりや集団維持のための行動の 2 つの軸によって説明が可能であることが共通点です。前者はミシガン研究の仕事中心型，オハイオ研究の構造づくり，そして PM 理論の P 行動がこれに相当します。後者はミシガン研究の従業員中心型，オハイオ研究の配慮，そして PM 理論の M 行動がこれにあたります。

⌐ キーポイント

　リーダーシップを発揮するためには，「仕事」志向と「人間」志向の行動が大切である！

3　多様なリーダーシップ

(1)　状況に合わせたリーダーシップ

　リーダーシップの行動論は，「仕事」志向と「人間」志向の行動が必要ということを明らかにしました。また，仕事軸と人間軸の両軸で高いスコアを示すリーダーシップ行動を取ることが，最も有効なリーダーシップ・スタイルであることも強調されました。

　しかし，多くのリーダーたちは意識しようとしまいと，この両軸の行動を既に取っていました。そうであるにもかかわらず，うまくリーダーシップが発揮できない，という悩みを一方で抱えていました。つまり，この両軸をやってさえすればうまくいくというものでもないことも，一方で明らかになってきました。これは一体どういうことでしょうか。

　例えば，メンバーはそれぞれ異なっており，全く同じ人はいません。そこ

で，メンバーそれぞれに合わせたリーダーシップ・スタイルが必要なのではないか，と考えるようになりました。このように，リーダーを取り巻く状況というものはそれぞれ異なります。そこから，そのそれぞれの状況によって有効なリーダーシップ・スタイルは異なるのではないかという問いが生まれ，この問いに答えるのが，**状況適応のリーダーシップ（コンティンジェンシー・アプローチとも言います）です。**さまざまな研究者がさまざまな状況を捉え，その状況に適切なリーダーシップ・スタイルを追求してきました。

　ここでは状況適応のリーダーシップの一例として，部下のレディネス，つまり特定課題の達成に対する部下の能力と意欲の程度と，そのレディネ

図表 5-3　SL 理論における状況的リーダーシップ・スタイル

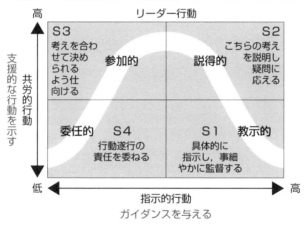

（高）	中程度		（低）
R4	R3	R2	R1
高能力で意欲や確信を示す	高能力だが意欲弱く不安を示す	低能力だが意欲や確信を示す	低能力で意欲弱く不安を示す

部下のレディネ人

自律的　　　　他律的

出所：Hersy, Branchard and Johnson（2000），邦訳 197 ページ。

ス・レベルに適したリーダーシップ・スタイルを示している **SL**（Situational Leadership）**理論**を紹介しましょう。

SL 理論によれば，部下のレディネス・レベルが最も低い，つまり低能力で意欲が弱く不安を示すような他律的なレディネス・レベルである R1 の部下に対しては，具体的に指示し事細やかに監督する教示的リーダーシップが適切であるとしています。低能力だが意欲や確信を示す R2 の部下に対しては，こちらの考えを説明し，疑問に応える説得的リーダーシップが有効です。高能力だが意欲が弱く不安を示す R3 の部下には，考えを合わせて決められるよう仕向ける参加的リーダーシップが適切であり，高能力で意欲や確信を示す R4 の部下に対しては，行動遂行の責任を委ねる委任的リーダーシップが適切であるとされています。

このように，リーダーを取り巻く状況（SL 理論では部下のレディネス・レベルです）を捉えて，それぞれの状況にふさわしいリーダーシップ（SL 理論では教示的，説得的，参加的，委任的リーダーシップです）を明かにするのが状況適応のリーダーシップ（コンティンジェンシー・アプローチ）です。

⑵　現代のリーダーシップ

現代は，先行き不透明の時代で将来が予測できない状況にあると言われています。これまでは将来はある程度見通すことが可能で，そのために将来の予測に沿って日常の業務が計画され，その日常業務をうまくこなしていくためのリーダーシップが求められていました。しかし，この先行き不透明な時代では，企業を取り巻く環境の変化が激しく，日常業務をうまくこなすためのリーダーシップよりも，変化に適応するための戦略的なリーダーシップが求められます。このような組織の変革を導くリーダーシップは**変革型リーダーシップ**と呼ばれ，現代のリーダーシップ研究の主流となる考え方となっています。

変革型リーダーシップとは，組織に大きな変化をもたらすリーダーシップを指し，以下の 5 つの内容から構成されています。

①　**理想化された影響（行動）**…ロールモデルとしてその行動をフォロワー

に示すこと

②　**理想化された影響（属性）**…組織やリーダーに対してプライドをもたせること

③　**鼓舞する**…フォロワーのモチベーションを喚起すること

④　**知的刺激**…フォロワーの創造性を促すこと

⑤　**個別配慮**…コーチングやサポートをフォロワー個別に行うこと

　これに対し**交換型リーダーシップ**も存在します。リーダーの影響力をフォロワーが受け入れ，その結果何らかの報酬をフォロワーが得ることにより成立するリーダーシップを言います。具体的には，①仕事に対する報酬やペナルティを用いた**業績主義の報酬**，②必要に応じてのみフォロワーに介入する**例外管理（積極的）**，**例外管理（消極的）**からなります。

　もうひとつ**レッセフェール**というリーダーシップ・スタイルもあります。レッセフェールとはフランス語で為すに任せよという意味で，これは「責任を負わず」「決定することをも回避する」を指します。リーダーはおおらかに，そして大まかにリーダーシップ行動を取ればよい。従業員やメンバーの主体性に任せていれば良いのだから，何もしなくても良いのではないか，と考えて，いわゆる放任主義になることを指しています。これでうまく行けば，日常の現場でリーダーシップに頭を悩ませることはありません。しかし，残念ながらそうはいかないようです。このレッセフェールは「リーダーシップが発揮されていない状況しか生み出さない」とすることが，既に研究結果として明らかにされています。

　これら変革型リーダーシップ，交換型リーダーシップ，レッセフェールをまとめて**フルレンジ・リーダーシップ**と呼びます。

　最近の研究では，交換型リーダーシップと変革型リーダーシップを比較すると，変革型リーダーシップのほうが好業績という結果が出ています。つまり，ご褒美の対価としてのリーダーシップ・スタイルでは有効性が相対的に低いとも言え，環境の変化に対応して組織の変革を導くリーダーシップが求められていることがうかがえます。

⑶　引っ張らないリーダーシップ

　さらに**サーバント・リーダーシップ**についても触れましょう。サーバントとは，召使いのことですが，本来の意味は「奉仕する」です。ですから，このサーバント・リーダーシップとは「リーダーである人は，まず相手に奉仕し，その後相手を導くものである」という意味になります。もともと実業家であるグリーンリーフ（R. K. Greenleaf）が提唱し，それを発展させた形でスピアーズ（L. C. Spears）がサーバント・リーダーシップには 10 の属性があるとしています。

　サーバント・リーダーシップのひとつ目の属性は「傾聴」です。これは，リーダーはフォロワーの声に耳を傾けるものであるということです。2 つ目は「共感」。フォロワーの気持ちを理解するように努めることです。3 つ目が「癒し」で，フォロワーを支えることを指します。4 つ目が「気づき」。フォロワーへ，仕事の指示をするのではなくヒントを与えることです。5 つ目が「説得」で，これも仕事の指示をするというよりも，仕事内容の理解を促すことを指します。6 つ目が「概念化」。これはフォロワーにわかりやすく説明することです。7 つ目が「先見力・予見力」と言って，フォロワーに今後の見通しを示すことを指します。8 つ目が「執事役」と言い，フォロワーとのゆるぎない信頼関係をつくることです。9 つ目が「人々の成長に関わる」ことで，フォロワーの成長を促すことです。最後が「コミュニティづくり」で，フォロワーとの真の協力関係を創造することを指します。

　このサーバント・リーダーシップの 10 の属性を眺めると，リーダーがフォロワーを引っ張ると言うより，フォロワーの背中をそっと押してあげるような柔らかなイメージが浮かんでくるかもしれません。本章は「メンバーを引っ張る」ことをテーマとしていますが，このサーバント・リーダーシップから考えられるのは，リーダーが先頭に立って引っ張るだけがリーダーシップではなさそうだ，ということです。集団の最後方からフォロワーを支える，つまり，フォロワーの背中を押すことによって，彼ら彼女らの自律性・主体性が促進され，その結果として組織目標を達成することができる，このようなリーダー

シップが有効な場合もあると考えられるのです。

⑷　みんなでリーダーシップ

　フォロワーが自律的・主体的に行動できるとするならば，リーダーシップはリーダーによってのみ発揮されるだけではなく，メンバー全員によって担われることになります。このようなリーダーシップのあり方を**シェアドリーダーシップ**や**分散型リーダーシップ**などと呼びます。これは一般に「メンバー間でリーダーシップが配分されている状態」と定義されており，専門的知識を持っている各メンバーが，その得意分野でリーダーシップを発揮します。そうなると，この集団内に多くの情報や知識が集まり，集団としての新たなアイデアが創造されていくことが期待できるのです。

　このシェアドリーダーシップや分散型リーダーシップは，リーダーだけでなくメンバー全員がお互い全員を引っ張るというところに大きな特徴があります。リーダーシップとはリーダーだけのものではないということが，このシェアドリーダーシップや分散型リーダーシップからよくわかるでしょう。

　本章では，リーダーシップとはすごい人が持っている「もの」ではなく，組織や集団の中でのさまざまな影響作用であるということを学んできました。また，リーダーシップとはリーダーだけが発揮するものでもないこともわかりました。リーダーシップとはメンバーが発揮するものでもあります（☞第6章，104 ページ）。

　本章で学んだリーダーシップ論を参考にして，ある組織の中でリーダーであるかリーダーでないかにかかわらず，自分自身にとって適切なリーダーシップの発揮の方法を，是非見つけ出していきましょう。

---

 break time 5.2　個人に対するリーダーシップ

　筆者は，かつてある企業で働いていた時に海外駐在員としてブラジルで生活していたことがあります。ブラジルでの滞在中には，お手伝いさんを雇っていました。お金に比較的余裕のある家庭，つまり日本人駐在員の家庭はお手伝い

さんを雇うのが，マナーみたいなものだったからです。

　実際にお手伝いさんを雇ってみると，慣れないこともあり，他人が家の中を
うろうろするのは落ち着かないとか，細かく指示をしないとちゃんと仕事して
くれなくて面倒だ，お手伝いさんが指示を守らない，時間にルーズだ，果てに
はできればお手伝いさんは雇いたくない等々。まるで上司が職場の部下に対す
るのと同じような不満が日本人家庭では渦巻いていました。

　筆者は一度，整理しようと不要な服を山積みにして「もしご家庭で使えそう
な服があれば持って帰ってください。その他はゴミとして処分してください。」
とメモ書きして出勤しました。すると，お手伝いさんは必要なものを喜んで持
ち帰ったようです。その後，お手伝いさんの仕事がとても丁寧になったような
気がしました。

　こんな些細なことでお手伝いさんのやる気が向上したようですから，メン
バーのやる気向上とは，意外と身近で簡単なことから，大きな違いが生まれる
のかもしれませんね。

☛ キーポイント

　リーダーシップ発揮の方法はひとつだけではなく，さまざまにある！

演習問題

❶　リーダーシップ研究のおおまかな流れを整理してみましょう。

❷　あなたが尊敬する，または気になる経営者の自伝や考え方が書かれている書籍
を読んで，その経営者はどのようにリーダーシップを発揮しているのか，まとめ
てみましょう。

❸　リーダーシップとは，リーダーやある人の中に存在する「もの」ではないとい
うことがわかりました。では，あの人にはリーダーシップが「ある」「ない」と日
常的に言われていることは，一体何を指し示しているのでしょうか。

💡演習問題の出題意図と解答のヒントへGO ☞

PC からはこちら ☞ http://www.bunshin-do.co.jp/contents/5069/aim_ch5.html

📖 おすすめ文献

1 小野善生（2018）『リーダーシップ徹底講座　すぐれた管理者を目指す人のために』中央経済社。
　　◆ リーダーシップ理論を分かりやすく解説した本。特にフォロワーシップの重要性に着眼しています。

2 金井壽宏（2005）『リーダーシップ入門』日本経済新聞社。
　　◆ リーダーシップ理論をより深く理解できます。実際に自分自身のリーダーシップスタイルを考えられるよう，理論とともに実例も豊富に紹介されています。

3 日本経済新聞コラム「私の履歴書」。
　　◆ 日本経済新聞社の人気コーナー「私の履歴書」は書籍化されているものが多くあります。理論ではない，実際のリーダーシップに触れることができます。

第6章
チームを組む

《チームワーク》

★この章で学ぶこと ••••••••••••••••••••••••••••••••••••••

　本章では，チームでうまく協力して成果を出していくためのチームワークについて学びます。これまでの章では，一人ではできないことを成し遂げるために組織をつくり役割分担を行い，人を動機づけてさまざまな意思決定を繰り返していくということを学びました。しかし，組織があまりにも大きくなりすぎると，逆に臨機応変に対応できなくなったり意思疎通がとりにくくなったり，あるいはメンバー全員のことが把握しきれず組織のパフォーマンスにつながらないという事態が往々にして生じます。そこで，組織の中で色んな目的に合わせてチームを組んで機動的に動いていくということが必要になるのです。個々人がチームとしてまとまるとき，個々人の集まりは大きく質を変えて，新たな知恵や爆発的なエネルギーが湧いてきます。チームには，そんな不思議な力があるのです。

　チームは，一般的には結成当初から完全な形やレベルで活動できるわけではありません。チームのフォーミングから始まって，チームワークの試行錯誤を経て，そしてパフォーミングが可能になっていきます。このようなチーム活動について理解するために，本章では，まずチームの特徴とタイプを説明します。これをもとにして，チームのマネジメントをうまく行っていくためには，チームメンバーに何が求められるのか，どのような点に注意しなければならないのかについて考えていきましょう。

🔍 この章で学ぶキーワード
●チーム　●チームワーク　●チームマネジメント　●対話
●シェアドリーダーシップ

1　チームを組むメリット

　私たちの周りを見渡してみれば単独で何かを成し遂げられる場合はほとんどなく，何人かで力を合わせる協働が必要なことばかりです。前章までは，組織で複数の人々がうまく活動していくためのポイントとなる意思決定やモチベーション，リーダーシップなどを勉強してきました。ただ，組織が大きくなってメンバーの数も増えると，意思疎通を図って問題に柔軟に対応していくのが難しくなってきます。

　組織活動が停滞してきたときや，臨機応変に動かなければならないときに活用されるのがチームです。チームは，ある程度の裁量が与えられていて，少人数のメンバーが機動的に問題に取り組むことができる小さな組織単位です。ここでは，意思決定，モチベーション，リーダーシップの順に大きな組織でどんな問題が生じやすいのか見ていくことにしましょう。

(1)　意思決定との関係

　すでに学んだように，組織は一人ではできないことをみんなで力を合わせて協力する仕組みです。大人数でも意思決定やコミュニケーションを円滑にするために，組織では分業や調整によるシステム化がすすみ，階層構造によるヒエラルキーが見られます（☞第2章）。

　しかし，例えば会社の営業担当が営業先で顧客から要望を出された場合，その場ですぐに応えたいでしょう。しかし会社が縦に長い組織構造だった場合，この営業担当が顧客へすぐに対応することは非常に困難です。おそらく，いったん社内に案件を持ち帰って，そこから上司，上司の上司，…と最終的に意思決定権限を持つ人にまで決裁が上げられ，その間自分の裁量で勝手に動くことはできません。こうした事態が頻発すると，顧客への迅速な対応ができず会社のビジネスに大きな支障をきたしてしまいます。

　情報通信手段が発達しグローバル化が進んだ今日，日々の複雑な問題に素早

く対処していくためには，**チーム**という小さな組織ユニットに意思決定権限の大きな裁量を与え，その場で臨機応変に対応することがうまい方法であると考えられています。状況がころころ変わる中で，アイディアを次々に出し機動的にタスクにとりかかる，これこそはチームが得意とするものだからです。

　情報共有のスピードアップという点でもチームは効果的です。何が必要な情報なのかは，事前にはわからないことが多いので，「必要な情報」や「情報の共有」そのものをマニュアル化することはできません。チームでは，メンバー同士が常にインフォーマルにお互いに意見交換し，お互いのことをよく認識しているので，意思決定に必要な情報のやりとりもスムーズです。

⑵　**動機づけとの関係**

　組織で人々がうまく協力して大きな目的を成し遂げていくためには，メンバーが組織に貢献しようというモチベーションが高いことがとても大切になっています（☞第4章）。しかし，組織が大きくなってメンバーの数も増えるにつれて，ここでも色々な問題が出てきます。

　まず，組織のメンバーが多い場合，他のメンバーが一生懸命努力するから自分は少しくらい手抜きをしても大丈夫だろうという人が出てきやすいです。このように努力を出し惜しみし，組織全体で上げた利益にただ乗りしようとする人のことを**フリーライダー**と言います。

　次に，もし自分が頑張って上げた成果に，後で他メンバーにただ乗りされるのであればそれを嫌悪する感情が生まれてもおかしくはありません。そうなると，ただ乗りされる側も他人に不当の利益を与えないように，自分の努力レベルを下げるかもしれません。こうした現象を**モチベーション・ロス**と言います。

　こうした事態を防ぐには，メンバーに自分こそがまさにこの活動を遂行しなければならないのだという**当事者意識**を持たせることが必要です。チームで活動すると，少人数でメンバー同士がお互いに何をやっているのかすぐに分かりますので，サボっているひまなどありません。こうして，チームで何かを生み出した経験のある人は当事者意識をもって組織活動に従事するでしょう。

　また，チームで活動すると，メンバーが新しい技能を身につける色々な機会が増えます。チームではお互いのことがよく見えるので，教え合うことが多くなるからです。メンバー自身が新しい技能を身につけ，自分で意思決定することを通して，タスクは与えられたものから自分で作り出すものへと性質が変わります。タスクそのものに対してメンバーが動機づけられることによって，モチベーション・ロスの問題も解決されるでしょう。

(3)　リーダーシップとの関係

　およそどんな組織にもリーダーは必要です（☞第5章）。しかし，成果を必ず出さなければならない状況で，取り組む作業がすでに決められたものではなく，臨機応変に必要なことに取り組み新しく学習していなければならないような場合を想像してみて下さい。例えばサッカーの試合は，勝つということを強く求められている状況で，相手の状況，フィールドの状況，残り時間，味方の状況といったあらゆる不確定要素が相互に絡み合った状況の連続です。そんな中で，選手は自分のなすべきことを瞬時に判断していく必要があります。

　そうすると，リーダーやキャプテンの地位についている人が，その他のメンバーに指示を出し働きかけるスタイルをずっと続けるというのはあまり現実的ではありません。リーダーだけがリーダーシップを発揮するというのではなく，リーダーの地位についてないメンバーもリーダーシップをどんどん発揮していくということで組織としては結果うまくいくということも多いのです。

　このように，チーム活動を行うことで，意思決定のスピードや質を高める効果，メンバーを高く動機づける効果，メンバー全員がリーダーシップを発揮するという効果が期待できます。もちろん，組織がこうした効果を実際に享受するためには，適切なチームデザインが行われる必要があります。以下では，あらためてチームとは何かから始めてチームの特徴を押さえ，そのうえでチームの特徴を生かせるようなデザインについて検討していきましょう。

> **○━ キーポイント**
>
> 　メンバーの意思決定や動機づけは，大きな組織でやるよりチームを組む方が
> 機動的な場合がある！

2 チームとは

(1) チームの定義

　チームという言葉は，日常的にもよく耳にします。例えば，サッカーのチームを思い浮かべてみて下さい。サッカーではFW，MF，DF，GKといった役割が各メンバーで分担されています。監督もいますし，事前に作戦もたてられています。しかし，サッカーは攻守の入れ替わりが激しく非常に流動性の高いスポーツです。自分のポジションにこだわっていたり，監督の指示を待っていたりしたら，あっという間に自陣にボールを運ばれて点を入れられてしまうでしょう。いざ試合が始まると，各メンバーが素早く自分のなすべきことを把握していく必要があります。そして，事前に決められていた役割以外のことであっても，必要であれば瞬時にカバーしメンバー同士が連携していかなくてはなりません。

　ここからわかるのは，チームでは各自の役割分担はあっても，それが目の前の状況や目的に応じて，柔軟に入れ替わるものでありうるということです。このような特徴を踏まえて，ここではチームを，「共通の目標やミッションを遂行する二人以上の人々で構成され，その遂行プロセスにおいて非常に多くの相互作用と調整が見られる活動形態」と定義しておきましょう。

　企業組織の場合だと，生産や，オペレーション，営業，研究開発等に分かれて職務が遂行されていますが，さらに職場単位で小さなサブユニットがつくられています。サブユニットのメンバーが，共通の目標やミッションに向けて，他メンバーと相互作用を繰り返しながら協力して仕事を遂行している場合，チームとして働いているということができます。

　もちろん企業組織のチームでは，ミッションや大きな目的は上層の組織から
与えられます。しかし，チームには多くの意思決定の権限が与えられ，高い**自
律性**が認められています。チームに対してプランニングから実行に至るまで自
律的に意思決定させることで，企業組織としては変化する状況にチームレベル
で柔軟に適応することができるからです。

　チームであることの特徴として，まずチームには明確な課題という基軸が
あって，それを達成するために意思統率がなされていることが挙げられます。
そして，目標が達成されるとチームは解散されます。設定された目標や課題が
明確であればあるほど，チームメンバーを方向付け結集力を高めることができ
るのです。

　次に，チームメンバーは割り当てられたタスクを担いつつも，お互いにコ
ミュニケーションをとりながら活動を調整し，チームの目標を達成するという
共通の意思のもとで活動しています。タスクそのものも複雑に結びついてお
り，チームメンバーも密に連携をとっているという非常に高い凝集性が見られ
ます。このようにしてみると，チームは単なる集団・グループとは異なる性質
を持っていることが分かるでしょう（図表6-1）。

図表 6-1　グループ・集団と比較したチームの特徴

	チーム	集団・グループ
構造	フラット	階層的
目標の共有度	高い	それほど高くない
凝集性	高い	それほど高くない
存続期間	限られている	長期にわたる
メンバーの多様性	多様である	同質的である
スキルの専門性	高度に専門的	平均的
メンバーの流動性	流動的	固定的
リーダーシップ	共有される	トップ・ダウン
ユニットの自律性	高い裁量が認められている	裁量の幅は少ない

　　出所：筆者作成。

break time 6.1　日本人とチームワーク

　日本は集団主義の国といわれてきました。全員が同様のタスクを分担されている団体で，団体の規律やルールはきっちり守る，そして他のメンバーとの協調性を重んじ，そこにある空気を読んで行動することができる…こうした団体行動を，我々はとても得意にしてきました。そういうことで，チームワークは得意だと思い込んできた節があります。皆さんの中にも「チームワークだって周りと力を合わせて，阿吽の呼吸でスッとチャチャっとできるんじゃないか」と思いうかべた人もいるかもしれません。

　しかし，実際にチームをうまく活用していく，チーム内のミーティングで積極的にメンバーとして発言しチームに貢献していくといった状況に遭遇すると，途端に苦手意識をもってしまう日本人はたくさんいます。なぜなのでしょうか。

　チームワークは，いくつかのレベルで成熟度を捉えることができます。まず，メンバー同士がうまく連携してそれぞれのタスクがこなされていることが必要です。これを基礎として，2番目にメンバーが対話と適切な情報共有を通してチームのために行動するというレベルが続きます。さらに，3番目としてメンバーの知的な相互交流を通して，新しいアイディアや，個々の単なる集まりには見られないシナジーが生まれるようなチームワークです。

　チームは単なる集団ではありません。ゴールは明確に設定されますが，チーム内外の状況に応じて個々の行動を適切に変え，チームのために最大限貢献することが求められます。全体の意思統率と個々のメンバーの主体性のバランスをしなやかに保っていくこと，これがチームには求められているのです。こうしてみると集団とチームとは，似ている部分もありますが，多くの違いがあることが分かります。チームとして活動するということは自然にできるわけではありません。我々は，「集団でうまくやっていくのが得意だから」と言わず，情報共有の仕方や主体的に貢献していくためのスキルを一から学んでいく必要があるのです。

⑵　**チームのデザイン**

　チームは，井戸端会議などのインフォーマルな集団のように自然と人が集

まってできるものではありません。そこで，チームを適切にデザインしていくことが求められます。

　まず，どんなチームでも目標とタスクが存在します。そのほかに，そのタスクを遂行するにふさわしいリーダーとメンバーが必要でしょう。そしてチームは，そのメリットを生かせるようにデザインされなければなりません。チームでは，タスクとメンバーともに結合度が高いところで協働が行われ，高いコラボレーションの成果が求められます。

　チームのタスクはチームによって多種多様であり，そのためチームの編成方法などもチーム目的によって異なります。しかし，共通していることは，チームの特徴を担保するものとして，①チームの成果としての「**集合的成果**」，②チームが組織単位として機能する「**適正規模**」と③メンバーの持つ「**専門的スキルの組み合わせ**」，④高い自律性です。これらがチームデザインに盛り込まれていくことが重要です。

　ここでは，チームの適正規模について見てみましょう。チームのタイプによっても異なりますが，メンバーは基本的に小人数に設定されます。人数が多くなるとぴったりと息を合わせて同時的に調整して力を発揮することが難しくなり，調整ロスが生じるからです。チームの研究者である J・リチャード・ハックマンは，取り組む仕事で必要とされる人数より「若干」少なくした方がチームはうまく機能する可能性があると言っています。

(3)　企業組織におけるチームのタイプ

　企業では近年，複雑で不確実な環境に直面したときの方略としても，チームを活用するようになっています。チームは階層的な組織でなされる意思決定に比べて機動的に行いうるからです。とりわけ，新たな製品・サービス開発，大口の取引，新規のビジネスに向けた活動などはいずれも関係する人々の密接な協力が必要ですので，こうした場面でチーム活動が良く見られます。企業組織で見られるチームは，チームデザインの仕方によっていくつかのタイプに分類されます。

①　職場単位のチーム

　企業組織では，通常，職場単位で形成された小さな**サブユニット**があり，そこでは権限をもったマネージャーの管理の下で生産や，オペレーション，営業，研究開発等の職能が遂行されています。**職場単位のチーム**では，チームメンバーは同じ機能の中でそれぞれ特定化された仕事を担当しています。通常，リーダーが任命されていて，リーダーはチーム内のオペレーションに権限をもち，企業組織内の別のサブユニットと連携していく役割も果たしています。

②　プロジェクトチーム

　ある目的を達成するために，メンバーがそれぞれの職能分野をまたいで集められタスクを遂行していくチームが**プロジェクトチーム**です。

　たとえば，ある新製品の開発プロジェクトでは，技術に関する知識を研究開発担当メンバーから，製造や量産に関する知識を生産担当メンバーから，ユーザーとのやりとりに関して営業担当メンバーから得ることによってプロジェクトに必要なアイディアや道筋が示されていくでしょう。このように，プロジェクトチームは，異質なスキルを持つメンバーが職能横断的に構成されるので，専門知識だけでなく視点や価値観も違ってきます。そうすると，チームとして思いつくアイディアも豊富になり，多様な問題解決を行うことが可能になるのです。

③　自律的チーム

　自律的チームは，ある程度，課題の方向性が定まっている状況でチームの目標や解決策についての意思決定権限がチームに与えられ，チームがチーム自身の活動を管理するチームのことです。自律的チームでは，チーム・リーダーはローテーションされ，メンバー同士でお互いの成果が評価されます。

　自律的チームのメリットは，メンバーが仕事の遂行プロセスすべてに関わり，全員が意思決定に参加することで各メンバーの仕事に対する満足度が高くなることです。また，問題の解決プロセスで上司やリーダーに方法についての許可を逐一得る必要がないので，目の前の問題にすぐに対応できるということも利点です。

> **○━ キーポイント**
>
> チームでは，目標に向かって少人数のメンバーが協力し合いながら，臨機応変に自分のやるべきことを判断して行動している！

3　チームを動かす

(1)　チームワークの条件

　うまくデザインされたチームであっても，個々のメンバーの総和以上の力を発揮しチームとして成功を収めている場合もあれば，個々のメンバーの能力を活かしきれずチームを組んだ意味がないようなケースもあります。

　チームが実際にうまく機能するために重要なことはいくつかあります。メンバー間に相互に信頼関係が構築されていること，情報が共有され対話が円滑に行われていること，メンバー間で学習が行われていることなどです。こうしたプロセスがうまく回っている場合，良い**チームワーク**ができているといえます。

　ここでは，チーム内で行われる**対話**について考えてみましょう。対話とはコミュニケーションの土台で，相手と率直に意見を交わし合い，お互いの考えやその背景にある前提を探っていくことです。それぞれのメンバーの発言にはその背後に多様な背景があって，各メンバーのもつ解釈の枠組みもさまざまです。

　もし，メンバーの表面的な発言や結論だけを取り出すと，それを受け取った他のメンバーは「そんな提案なんてありえない」と頭から否定しがちになってしまいます。しかし，対話を続けると相手の発言にこめられた意図や真意がどこにあるのかを観察することで，「ありえない」と思われる発言がなぜどのようなプロセスで出てきたのかを知ることはできます。これを繰り返すことで，メンバー同士のコミュニケーションを紡いでいくことができるのです。

　もちろん，対話したからといって，お互いの意見が一致するとかすべてわか

りあえるといったことはありません。しかし，対話によって探りメンバーの異なる視点や考え方を無視せずあえて取り上げていくことで，集められた情報やデータをさまざまな角度から再検討していくことはできます。そして，すべてのメンバーがこのような対話と意思決定のプロセスに参加することで，チームで決めたことについて当初は反対していたメンバーであっても，その決定に納得し主体的に実行しやすくなるのです。したがって，よいチームワークのためには対話が欠かせません。

⑵　チームマネジメント

　良いチームワークは，なかなか難しいものです。チームを適切にデザインし，明確な目標や課題をたてチームを方向付けただけでは良いチームワークは生まれません。また，対話をしっかり行うようにするといっても，いきなりできるようになるとも思えません。

　現実のチーム活動は，多様なチームメンバーの人間関係を考えたり，メンバーのやる気を根気よく高めていったり，必要な学習を繰り返してスキルアップを図っていくといった地道な「仕込み」がかなり重要なのです。どれだけ時間がかかっても，こうした努力を積み重ねることで，あるときチームのエネルギーが爆発し高い成果が生まれます。良いチームワークを導くための「仕込み」のことを**チームマネジメント**と言います。

　人によってはチームプレーになじめないこともあります。チームの一員としてより単独で働いた方が高いパフォーマンスを出せる人もいますし，チームの空気を読まずに発言したり行動したりする人もいます。このようなメンバーがいるチームでは，対話がうまくできずチームとしての成果を上げることも難しいのではと思われるかもしれません。

　このような時，チームからそのメンバーを外してしまうという意思決定も考えられますが，それは最後の手段です。なぜなら，もしそのメンバーが，チームの仕事に特別な才能を発揮してくれる可能性が少しでもあるのであれば，いなくなることでチームに大きなダメージとなりえるからです。また，そのメンバーのことを考慮すること自体が，それまでチームで当たり前だと思っていた

見方を相対化し，新しい視点でチーム活動を考えるという訓練の機会になっていることもあります。

　さらに重要なことは，そのメンバーの行動がチームの外にある他組織の価値観を代表している可能性があるということです。例えば企業のプロジェクトチームでは，基礎研究担当者，エンジニア，マーケティング担当者，製造ライン担当者など多様な背景を持つメンバーが集まっていることがあります。この中には一見すると，いつも無理難題をふっかけてくると思われるメンバーがいるかもしれません。しかしこうした場合，メンバー個人間で生じるコンフリクトとして簡単に片づけてはいけません。なぜなら，研究担当，エンジニア，マーケティング担当，製造ライン担当の所属する，より大きな組織集団間に存在する価値観やものの見方の違いが，そのままプロジェクトチーム内でのメンバー間の意見の食い違いに反映されていることがあるからです。

　チームマネジメントでは，チームがうまくまとまるようにメンバーの考え方を均質にしがちで，行動パターンも統一されやすいです。しかし，上記のことを踏まえれば，あまりものの考え方や行動パターンが均質化しすぎることのないように気を付けなくてはなりません。

> **○━ キーポイント**
> チームが高いパフォーマンスを出すには，メンバー同士で対話し良いチームワークを生み出していくことが大切！

4 チームメンバーの役割

　最後に，チーム活動を支えていくためにメンバーに求められることを検討していきましょう。チームメンバーの役割として，ここで注目するのは，1番目にメンバー自身のプロフェッショナルとしてのスキル，2番目に各メンバーがリーダーシップを発揮しそれをうまくメンバー間で共有していくこと，です。

(1)　個々のスキルを高める

　チーム活動に貢献するためには，個々のメンバーのスキルが非常に重要です。まず，チームメンバーは，それぞれに高度な**専門的スキル**を持つ必要があります。各チームメンバーの知識や技術が異質で，それが複合された場合にチームとして大きなエネルギーを爆発させることができるからです。そのため，メンバーは自分の持つ特有のスキルを常に磨き向上させていく必要があります。

　また，チーム内では絶えず対話が行われるので，個々のメンバーには高い**対話スキル**が求められます。対話スキルとして，自分の考えを正確に伝えていくことはもちろん重要です。それに加えて，チームメンバーの発言を傾聴し，その発言がなされた背景や意図を推測することも重要な対話スキルです。こうしたスキルがあって初めて，メンバー間で効果的な情報伝達が行われ，議論が活性化していくのです。

(2)　リーダーシップを共有する

　多くのチームでは，リーダーとかキャプテンという名前がついた人がいるでしょう。もっとも，チームでは，上司による部下の管理という従来求められてきたリーダーの役割から，チームメンバーとともにリーダーシップを発揮していくという方向性に変化してきています。

　リーダーがどんな状況の時でも常に監督指示を行って，メンバーはあらかじめ割り当てられたタスクのみ行うというようなリーダーシップでは，すでに説明してきたチームワークは中々うまくいきません。通常の組織やグループよりチームのメンバー特性や活動プロセスの方が，柔軟で流動的であるからです。ですので，チーム活動でのリーダーシップも，通常の組織と異なる新しい発想で，チームにあったリーダーシップスタイルを考える必要があるのです。

　では，良いチームワークを実現するにはどのようなリーダーシップが適切なのでしょうか。ここで大切なポイントとなるのが，第5章で学んだように，

リーダーシップが「ある組織や集団の目標や課題を実現するうえで必要としている働きかけを行うこと」それ自体であるということです。つまり，リーダーと名前がついている人だけがリーダーシップを発揮するのではなく，チームに求められていることに対して，メンバー全員が主体的にリーダーシップを発揮すればいいのです。「ここは私がやるよ」，「ここは僕がカバーするよ」とお互いがリーダーとフォロワーに柔軟に入れ替わることで，メンバーの当事者意識が育っていきます。

　このように，一人ひとりがリーダーシップを発揮している状態のことを**セルフリーダーシップ**と言います。また，リーダーシップを発揮している人がうまく入れ代わり立ち代わりすることで，チーム内でリーダーシップが共有されている状態のことを**シェアドリーダーシップ**と言います。課題によってはメンバーそれぞれが潜在的なリーダーになる可能性があり，状況に応じてそれが浮上して，適切なリーダーシップを発揮させていく。そうしたリーダーシップの共有がチーム活動の成功にはとても重要になっています。

⚬━ キーポイント

　良いチームワークを生み出すために，チームメンバーは各自のスキルを高め，自分からリーダーシップを発揮していくことが必要！

---

 break time 6.2　ウルトラテクノロジスト集団「チームラボ」

　大きな組織には階層構造があるのが通常ですが，組織全体が複数のチームによって構成されるという「チーム組織」という形態も存在します。その典型例が，「チームラボ」という会社です。受託のものや自社プロジェクトのほぼ全業務が，プロジェクト単位のチーム活動によって担われているのです。チームラボの活動は，ウェブ系エンジニア，CG アニメーター，絵師，数学者，建築家，グラフィックデザイナー，編集者などからなるウルトラテクノロジスト集団によって担われています。

　チームラボは，2001 年に東京大学と東京工業大学の院生・学部生の 5 人で学生ベンチャーとして出発し，サービス開発や，テクノロジーを駆使した

アート作品を中心としたビジネスを展開していきました。2006 年に産経新聞社ウェブサイト「iza」（イザ！）を製作すると，チームラボの名前はたちまち全国に広がりました。現在は，「MORI Building DIGITAL ART MUSEUM: EPSON teamLab Borderless（森ビル デジタルアート ミュージアム エプソン チームラボ ボーダレス）」という，巨大なデジタルアート空間を創り出したり，Living Digital Space and Future Parks をシリコンバレーで展示したりと，ソリューション，プロダクト，アート，アーキテクトなどの分野で幅広く活躍中です。

　チームラボは，500 名弱のメンバーで構成されており，専門性によってグループ化したチームがすべての組織活動のベースとなっています。そのため，「営業担当者」という通常の企業組織で見られる役回りはありません。その代わり，クライアントとの窓口や社内でのモノづくりの環境を整える役割を担う「カタリスト」と名付けられたメンバーが，チーム活動を活性化させる触媒作用を担っています。数名の取締役がいる以外に組織階層はなく，「リーダー」と固定されたメンバーもいません。チームラボで評価される大事なポイントは「社内外からどの程度必要とされる人材になったか」ということで，メンバーは各プロジェクトの推進のほかに，勉強会や情報共有会などを開催して常に自分の専門的技術の向上を図っています。お給料は月俸性，年２回のボーナス支給は全社の利益額の一定割合が全メンバー同額で支給されているそうです。

（ハーバード・ビジネス・レビュー 2017 年 6 月号）

🈟 演習問題

❶　大きな組織内で新たにチームを組んでいく場合，どういった効果が期待されているのでしょうか。意思決定やメンバーのモチベーション，リーダーシップの3つの観点から検討してください。

❷　スポーツチームで，個々のメンバーは優れているのにチームとして結果を残せなかった，反対に個々のメンバーの能力でいうと「最強」ではないにもかかわらずチームとして素晴らしい成績を残したという事例を探し，何がチームとしての結果を左右しているのかを考察しましょう。

❸　チーム内ではメンバーにリーダーシップが共有されていると説明されました。では，チームにリーダーとかキャプテンという名がつけられた人がいる場合，その人の真の役割は何だと考えられますか。

🔍 演習問題の出題意図と解答のヒントへ GO ☞

PC からはこちら ☞ http://www.bunshin-do.co.jp/contents/5069/aim_ch6.html

📖 おすすめ文献

1 C・C・マンツ，H・P・シムズ，Jr. 著（1993），守島基博監訳，渋谷華子・蔡芢錫・喜多志保訳（1997）『自律チーム型組織―高業績を実現するエンパワーメント』生産性出版。
   ◆ 自律的チームについて，その考え方をわかりやすく説明している本。

2 DIAMOND ハーバード・ビジネス・レビュー編集部編・訳（2005）『いかに「好業績チーム」をつくるか』ダイヤモンド社。
   ◆ 企業組織のチームについて，チームを強化しパフォーマンスを上げていくための条件を分析している本。

3 青野慶久（2015）『チームのことだけ，考えた。―サイボウズはどのようにして「100 人100 通り」の働き方ができる会社になったか』ダイヤモンド社。
   ◆ ソフトウェアの会社であるサイボウズで，会社をチームと見立ててチームワークをどのように進めていっているのかを実例を踏まえて紹介している本。

組織を発展させる

第 I 部では，組織の基本的な成り立ちについて学修してきました。この第 II 部では，できあがった組織を今後も維持していくために，そしてさらにいい組織へと発展させるために，どういったことが必要になるのかについて見ていきましょう。

組織は，そのときどきの周りの環境が変われば，弾力的に形を変えていかなければなりません。どんな環境であればどう変えればよいのかについて，まず**第7章**「組織の形を変える《組織形態》」で学修します。

組織には形や仕組みといったハード面だけでなく，普段は観察しにくい空気や雰囲気のようなものもあり，協働作業がうまくいくにはそうしたソフトな要因も大きく関わっています。**第8章**「文化を捉える《組織文化》」ではこうしたソフトな要因に着目します。また，近年の組織活動では，情報やその発展形態としての知識をうまく産み出して活用することも注目されており，それらの活用法について**第9章**「情報・知識を捉える《知識創造》」で学修します。

組織を発展させようとすると，組織協働でのこうした目に見えるハードな構造や，見えないソフトな文化・知識などを活用しながら新しい物・コトを創り出すことが必要です。そうした組織活動にはどのような特徴が見られるのかを**第10章**「革新を起こす《イノベーション》」で学びます。

さらに，組織は，組織内だけでなく組織外部の他組織とも協力し，つながり合うことによって発展することが可能です。このつながりのメカニズムについて**第11章**「他組織と協力する《ネットワーク》」で学修します。

組織は，こうしたさまざまな組織内活動や外部とのつながりを総動員させながら，長期的にその根幹から変革できる可能性を秘めています。**第12章**「組織を変革する《組織変革》」ではこうした長期スパンでの組織変革の仕組みについて考えます。

第7章
組織の形を変える

《組織形態》

★この章で学ぶこと ・・・・・・・・・・・・・・・・・・・・・・・・・・・・・・

　第2章では組織の基本的な作り方として，分業と調整の枠組みを学びました。分業を行った場合，それを調整するための管理者が置かれ，分業の調整が行われます。この役割分担の方法としての分業とその調整がうまくいくと組織は発展していきます。組織が発展し，規模を拡大していくと，分業を調整するため，より多くの管理者が必要となります。一人の上司が管理できる部下の数には限界があるからです。

　管理者が増えてくると，今度はその管理者を管理する人間が必要になってきます。中間管理者の出現です。このように規模の拡大により，階層構造をもった組織が生まれてきます。組織は規模の拡大に伴い，その組織のあり方を変えていかなければならないのです。

　それだけではありません。組織が発展するとともに，その組織が直面する環境も変わっていきます。新規事業へ進出すると環境も変わります。また新しい技術によって新しい産業が誕生することもあります。時代とともに社会も大きく変わります。これらの時代の変化に取り残されないように，組織はそのあり方を変えていく必要があります。

　この章では組織はどのように環境の変化に対応し，どのようにその組織の形を変えていくのかを考えていきます。組織がいかに環境変化に対応して形を変えているかをいちばん身近に観察できるのは企業組織なので，この章では企業の事例が中心となります。

🔍 この章で学ぶキーワード

　　●環境　●戦略　●組織形態　●職能別組織　●事業部制組織

7 環境変化と組織

(1) 環境の大きな変化

　このテキストの第Ⅰ部では，組織内部のお話が中心でした。組織の基本原理としての分業と調整の仕組みや，組織で実際に活動する人々のモチベーションやリーダーシップといった点の説明が中心で，その組織をとりまく**環境**とのかかわりについてはほとんど触れてきませんでした。

　しかし，今日では，企業をはじめとした組織を取り巻く環境は，ものすごいスピードで変化しています。実際，皆さんの身の回りにあるもののいくつかは，10年前には存在していなかったり，その形が大きく変わったりしているものが多くみられます。例えば皆さんがよく使っているスマートフォンは，アップルがiPhoneを2008年に発売してから瞬く間に普及しました。2019年時点の普及率は80％程度と言われています。それまではガラケーと呼ばれる携帯電話が主流でした。それ以前はポケットベルと呼ばれる通信機器が若者の間で流行していました。さらにその前には固定電話が家にひとつあるだけで，家族での共用が普通でした。通信事業者も，現在のようにドコモやau，ソフトバンクが競争を繰り広げるといったようなことはなく，電電公社（現NTT）の独占事業でした。

　規制緩和が進むと通信事業への参入が次々と起こり，NTTはそれに対応する必要があります。また通信事業者は携帯端末の発展に応じて，事業のあり方を変えていかなければなりません。インターネットの発展により楽天のような通信販売の事業者が大きくなり，通信事業に参入するということも起こってきます。企業はこのように環境の変化に合わせて事業のあり方を変えていかなければ生き残っていけません。しかし，こうした変化は何もインターネットなど先進的な製品に限った問題ではありません。

　確かに伝統産業の分野に目を向けると，和菓子屋や日本酒の酒蔵など，100年，200年と変わらず同じような製品を提供し続けている企業も存在します。

しかし，実はそのような企業でも，社会の変化に合わせて，大きく事業のあり方や組織を変えているのが実情です。例えば酒造会社では日本酒の需要の伸び悩みに対応して，醸造技術を活用して化粧品を開発したり，かつて冬場だけの季節契約だった杜氏を正社員として雇用するように雇用形態を変更したり，気候に大きく左右された酒造りに科学的な方法を取り入れて安定的な生産を実現したり，というように伝統的な製品の製造・販売・管理のあらゆる面においてイノベーション（☞第10章参照）を起こしています。そうしなければ，この厳しいビジネスの世界で生き残っていくことはできないのです。

⑵　生き物としての組織

　このような環境の変化に関しては，かつてはあまり意識されることはありませんでした。計画（Plan）したことを実行（Do）し，それを確認（Check）した結果，もし計画通りいっていなかった場合には何らかの修正行動（Action）をとることがマネジメントの要諦であると考えられてきました（こうした一連の活動を **PDCA サイクル** と呼びます）。古い時代には，この PDCA サイクルをくるくる回し続けることで組織はちゃんと運営ができるものと考えられていたのです。そこには，環境が変わった場合にどう対応するかという発想そのものが存在せず，環境への適応行動は何ら織り込まれていませんでした。

　このように環境からの影響を受けず，環境の変化を考慮にいれなくてもいい，言い換えると閉じられた世界でその活動が完結するような，自己完結的な独立性をもったシステムのことは，閉じた体系という意味で，**クローズド・システム** と呼ぶこともあります。実験室のビーカーの中での反応や内燃機関（エンジン）などの工学システムがその代表です。古い時代には環境の変動もさほど大きくはありませんでしたので，企業活動は外部環境と相互作用を持たない，閉じられた世界での自己完結的な活動でよしと考えられていたのです。

　他方，自然環境に存在する生き物は，外部環境と常に相互作用を持ちながら生き残りをはかっています。生き物は環境と資源の交換を行い，新陳代謝を行いながら生存しています。また自然環境は常に変化しますが，生き物はそれに合わせて自らを適宜調整させながら生き残ろうとしています。同時に，生き物

の活動は排せつ物の放出などにより，環境にも影響を与えています。このように，生き物は環境との相互作用を持ちながら生きているので，外界に対して開かれているという意味を込め，こうした仕組みのことを**オープン・システム**と呼ぶこともあります。

　組織も生き物と同じように，環境の変化に対応してその形を変えていかなければ生き残っていけないオープン・システムと捉える必要があります。上で見たように，最新のスマートフォンを提供している企業も，伝統的なお酒を製造している企業も，時代とともにその形を変えながら生き残りをはかっているのです。組織は実際には本当の生き物ではないのですが，生き物のようなオープン・システムと捉えることにより，さまざまな組織活動を正しく理解することが可能になります。

　このように組織をオープン・システムと捉えた場合，次に考えなければならない問題は，環境の変化にどのように対応すればいいのかという問題です。それを考えるために組織が直面する環境がどのようなものなのか，代表的な組織である企業の事例で考えていきましょう。

(3)　組織が直面する環境の種類

　ひとくちに企業が直面する環境といっても，いろいろな環境があります。それらは，内部環境と外部環境とに分類することが可能です。

　ここで内部環境とは，文字通り組織の内側にある諸要因を指します。例えば組織の持つ優れた人材などの人的資源，技術やブランドなどの経営資源，経営方針などが挙げられます。この内部環境によって，その組織の強みや弱みが決まる場合もあります。内部環境は，自分たちがどのような状態にあるのかという問題であり，その正確な把握が必要です（そのような正確な組織の把握のための分析は内部環境分析と呼ばれます）。

　他方，外部環境とは，企業を取り巻くさまざまな環境のことで，大きくはマクロ環境とミクロ環境に分けられます。マクロ環境には人口構成やその変化，気候変動や政治の動向，法律の制定，経済情勢の変化，技術の進歩，さらには社会・文化的な環境などがあります。一方，ミクロ環境としては消費者の好み

やその変化，市場の伸びや市場構造の変化などが挙げられます。これらの外部環境は，昨今ではかつてに比べ大きく変化していますし，その変化のスピードもますます速くなってきています。例えば情報技術分野の進歩は，ドッグイヤーやマウスイヤーなどと表現されるほどです。

　企業をはじめとする組織は，このような外部環境の変化に対応して，組織自身の資源や経営方針などの内部環境をさまざまに変化させながら，生き残りをはかっていく存在であるといえるでしょう。

> ○━ **キーポイント**
>
> 　組織は生き物と同じように，環境の変化に適応しながら生き残っていく存在である！

2 　組織の生き残り戦略

⑴　環境に適応して組織の形を変える企業

　第2章で分業と調整という組織を作る際の基本原理を学びました。企業はそれぞれ独自に分業の仕組みや調整の枠組みを決めています。細かく仕事を分けている企業もあれば，大まかにしか仕事を分けていない企業もあります。それぞれメリット・デメリットがあります。どのような組織の作り方がいいのでしょうか。これまで最善の組織構造を求めて多くの研究がなされました。しかしながらどのような組織の作り方がいいかについての絶対的な答えはない，ということがだんだん分かってきました（そのような考え方は**コンティンジェンシー理論**，日本語では状況適合理論，あるいは環境適応理論と呼ばれます）。例えば技術や市場での競争状況，産業の発展段階などの状況いかんによってどんな組織がいいかは異なってくるのです。

　ではどのような環境の時に，どのような組織を作ればいいのでしょうか。現実の企業組織がこれまでどのような分業と調整の枠組みを作って環境に適応し

てきたか，コンティンジェンシー理論の代表的な研究をとおして見ていきましょう。

① 硬い組織，緩い組織

　バーンズとストーカー（Burns and Stalker 1961）は英国の20のエレクトロニクス企業の事業組織についての詳細な参加観察や面接調査を行いました。その結果，現実の企業組織は**機械的組織**と**有機的組織**の2つにわけられることがわかりました。機械的組織とは職務が高度に細分化され，権限や責任が明確で，垂直的な指揮命令系統と階層的な支配関係によって特徴づけられるような組織です。典型的な機械的組織は官僚制組織です（☞第2章，31ページ）。機械的組織は環境変化に対して硬直的な性格を持っていて，クローズド・システムを想定しています。他方の有機的組織は分業の程度が低く，職務間の境界があいまいな組織です。また水平的で人間的な相互作用，専門的な知識が重視される組織です。機械的組織のようにルールがきっちりと決まっているのではなく，状況に応じて柔軟にその対応を変えていけるという点でオープン・システムを想定しているといえます。

　彼らは調査の結果，これらはどちらか一方が優れているわけではなく，その有効性は市場環境や技術環境の変化のスピードに依存するということを発見しました。技術変化のスピードが比較的遅く，安定的な環境のもとで決まりきった仕事を行う場合には，機械的組織が有効であり，市場環境や技術環境の変化のスピードが速い環境のもとでは，有機的組織が有効であることも分かってきました。唯一最善の組織構造が存在するのではなく，環境が異なれば，最適な組織も異なるということが明らかになってきたのです。

② 技術に影響される組織のありよう

　バーンズとストーカーの研究と同じような研究を行ったのがウッドワード（J. Woodward）です。バーンズとストーカーが技術の変化のスピードに注目したのに対し，ウッドワードは技術の複雑性に注目しました。彼女は1950年代にサウス・イースト・エセックス工科大学で，サウス・エセックス地方の製造業企業100社についての詳細な調査を行いました。

　調査対象となった企業の製造工程や製造方法などの技術を調べてみると，技術の複雑性と管理構造の間に一定の関係があることがわかったのです。彼女は対象企業の生産システムを技術の複雑性をもとに，①個別受注生産，②大量生産，③装置産業の３つに分類しました。

　①の個別受注生産は注文服や特注の機械などの生産です。洋服の仕立て屋さんがお客さんの注文を聞きながらスーツを仕立てていくところを想像してください。仕立て屋さんはお客さんと綿密な打ち合わせを行い，洋服を作っていきます。ここでは製造と販売の仕事は明確には分かれていません。製造と販売が分かれている場合でも，顧客の注文に的確に応じるために，製造部門と販売部門で綿密な打ち合わせをする必要があります。顧客の注文に応じて柔軟に製品の仕様を変えたり，顧客に製品仕様の提案をしたり，柔軟な生産システムが必要となってきます。そのため現場では熟練労働者が権限を持って顧客対応を行います。管理者の責任と権限は小さくなり，分権化が進んだ柔軟な有機的管理システムが採用されるようになります。

　それに対して②の大量生産のシステムはどうでしょうか。大量生産の典型例として，自動車の生産ラインが挙げられます。ベルトコンベアの上を流れる自動車に，作業員がドアやライトなどの部品を取り付ける生産ラインを思い浮かべてください。大量生産ラインでは基本的には顧客に要望を聞きながら製品を作るのではなく，顧客のニーズをあらかじめ把握し，どのような製品がどれくらい売れるかを予測して，研究開発部門や製品開発部門が特定のモデルを開発します。特定のモデルが出来上がると，それをどのような方法で作るかが生産部門で考えられます。多くの場合，製品は標準化されたものであり，生産工程は細分化され，機械化・自動化が進んでいます。

　販売部門は標準化されて大量生産された製品を大量販売するために，市場調査や販売予測などの専門的な能力を高めていきます。それぞれの部門はその特化された能力により，独立性を高めていきます。専門化され，細分化された部門をきっちりと管理しなければならないため，管理者の負担が増大しますが，ルールを明確にすることでそれに対応しようとします。そこでこのような業界では，バーンズとストーカーが示した機械的管理システムが採用され，そのような組織が有効に機能します。

　最後の③装置産業は石油プラントや化学工場などを想像してください。特定の製品に特化して作られた大規模なプラントを高度な管理システムで動かし，大量生産が行われています。同じく大量生産である自動車工場と比較して，製品の入れ替えが困難であり，生産システムの柔軟性は最も低くなっています。生産自体はプラントが自動生産をするので，生産工程の管理はそれほど難しくはありません。管理の仕事は中央制御室での異常事態の対応が中心となり，現場管理者には臨機応変な対応が必要となり，そのための専門的な知識が必要です。その点は，個別受注生産と類似しています。装置生産の場合，どのような製品をどれだけ作るかはプラントを作る段階ですでに決められていて，その計画に従って各部門は独立的かつ協力的に仕事を進めていきます。その結果として，権限関係が明確な機械的管理システムではなく，高度な知識で協力が行われる有機的管理システムが採用されることが多くなるのです。

　これらの発見から，技術が組織構造を規定することがわかりました。また同時に技術と組織構造の適合関係が業績を規定するということもわかりました。このウッドワードの研究は組織の実態をよく解明していましたが，彼女の研究では，組織は与えられた環境の下で，その環境にあった形を選択しなければならない，という受動的な存在と捉えられていました。

⑵　環境適応から環境創造へ

　環境の変化によって，組織はいろいろとその変化に対応しないといけないことがわかりました。ただ，もしそれだけだとすると，組織は環境変動の波にさらされるばかりで，主体的な行動を全然とれないことになってしまいます。実際，うまく生きながらえている組織を見てみると，そうした組織では，実は環境に翻弄されるだけでなく，うまく環境に働きかけ，むしろ環境を自組織にとって都合のいいものへと変えていっていることがわかります。

　現実の企業組織は，経営者の意思決定により，大きくその方向性を変える可能性を持っています。経営者の意思決定により，新しい市場環境が創造されることもあるのです。例えば，ソニーは1979年にウォークマンを開発・発売し，携帯音楽プレーヤー市場という新しい市場環境を創造することに成功しま

した。また，ヤマト運輸はクロネコヤマトの宅急便で小口貨物の特急宅配サービス市場を創造しました。スーパーマーケットの中堅企業であったイトーヨーカ堂はセブン－イレブンでコンビニエンス・ストア市場を創造しました。

　海外でもそのような事例は数多くあります。アメリカのフォードという自動車会社は高級車しかなかった 1900 年代初頭に，T 型フォードによって大衆車市場を創造しました。またマイクロソフトはソフトウェアの開発により，パソコン市場を創造し，アップルはスマートフォンの発売により，モバイル市場を大きく発展させました。

　これらの企業の事例を見ていると，企業は環境の変化に対応して組織を変化させたというよりも，積極的に環境に働きかけて環境を変化させた，あるいは新たな環境を作り生き残りをはかっていった，ということが窺えるでしょう。企業が長期的に存続・発展していくためには，より積極的に環境に働きかけを行っていく必要があるということです。

　そのような行動が次の節で示される**戦略**です。戦略によって組織のあり方は大きく変わりますし，組織の発展も可能になります。次の節では企業の積極的な行動としての経営戦略を見ていきましょう。

(3)　経営戦略への注目

　経営戦略とはそもそも何でしょうか。「戦略」という言葉はもともと軍事用語で，ギリシャ語で「軍隊を統率する」という言葉が語源であるといわれています。1800 年代にプロイセン王国の軍人であったクラウゼヴィッツという人が書いた『戦争論』という本に，「戦略は戦争目的を達成するための戦闘の用い方である」ということが書かれています。戦略とは戦いではなく，戦いを用いて目的を達成することだったのです。そのような意味から，ビジネスの領域で，製品レベルの個別の競争と区別して，最終的なビジネスの目的達成という意味で戦略という言葉が 1960 年代に使われるようになってきました。

　1950 年代から 60 年代にかけて，アメリカの多くの企業が経営計画というものを策定するようになりました。多くの企業でビジネスの目的達成のためには計画策定が必要であると考えられるようになってきたのです。1962 年には企

業の歴史を研究する経営史の研究者であるチャンドラー（A. D. Chandler）が経営戦略を「企業の基本的な長期目的を決定し，これらの諸目的を遂行するために必要な行為の道筋を採択し，諸資源を割り当てること（Chandler 1962, p. 16)」と定義しています。目的を設定して計画を立てるということが当時は重要視されました。

　しかしながら，計画はうまくいく場合もあれば計画通りにいかないこともあります。計画を立てるだけで，目的を達成できるわけではありません。計画がうまくいかなかったときに，柔軟にその状況に対応していく必要があります。環境の変化により，計画の修正が必要になることもあります。いわば，戦略には計画としての側面と試行錯誤と学習の結果としてあらわれてくるパターンとしての側面の両方があるのです。こうした考え方は，ミンツバーグ（H. Mintzberg）という学者によって提唱されています。

　例えば，日本のホンダという企業は1959年にロサンゼルスにアメリカンホンダ・モーターカンパニーという会社を設立し，アメリカ市場への進出を計画しました。1960年の半ばには小型バイクのスーパーカブがアメリカで大ヒット商品となります。しかしながらこのヒットは実は計画されたものではなく，失敗の後の試行錯誤の結果だったのです。

　1950年代のアメリカではハーレーダビッドソンなどの500cc以上の大型バイクが主流で，ホンダも大型バイクでのアメリカ進出を計画していました。しかしながら長距離走行が多いというアメリカの道路事情は日本のそれと異なり，ホンダのバイクは故障が多く，ホンダの大型バイクは売れませんでした。そこでホンダは仕方なく小型バイクである50ccのスーパーカブの販売に力を入れたのです。すると低価格と性能の良さで爆発的に人気が出て，女性や若者など，これまで大型バイクに乗らなかった人々がスーパーカブを購入するようになりました。こうしてスーパーカブはアメリカで大ヒット商品となったのです。

　この事例からわかるように，企業は計画を立てながらも状況の変化に応じて，その都度計画を変更し，学習を重ねて存続・成長を実現し，あらたな環境を創造していく存在であるといえます。そのようなプロセスは**創発型戦略**と呼ばれます（図表7-1）。

図表 7-1　創発型戦略

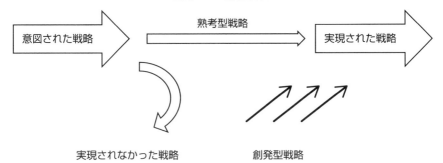

出所：Mintzberg（1994），邦訳 76 ページを参考に筆者作成。

○━ キーポイント

　組織は環境に適応するだけの受動的な存在ではなく，自ら経営戦略を立て，環境を主体的に創造する存在でもある！

3　戦略と組織形態の関係

(1)　組織構造と組織形態

　第 2 章で説明したように，組織構造というのは分業と調整の枠組みです。中小企業では未分化な組織も，規模の拡大につれて分業が進み，専門的な部門が作られていきます。どのような分業と調整の枠組みを作るかは組織によって異なりますが，一定の基本パターンが観察されます。こうした分業と調整のシステムのことを第 2 章では組織構造と呼ぶことを学修しました。

　戦略を立て，環境変化に対応しながら組織の形を変えていくという点に注目した場合，組織の形のことを**組織形態**と呼びます。組織構造が，業務分担の細かさや標準化の程度といった量的な概念（数字の高低で示される概念）であるのに対し，組織形態という概念は，戦略によって組織の形を変えるという文脈

で使われます。より具体的には，組織の形を質的に示す概念（以下で学ぶ職能別組織，事業部制組織，マトリックス組織，カンパニー制など）として用いられることに注意してください。以下では，経営戦略を通して環境を創造し，組織形態を変えていく組織の実態を見ていきましょう。

(2) 仕事の種類で分ける：職能別組織

　組織形態の最も基本的な形は，仕事の種類に応じて分業を行う**職能別組織**です。ひとつの組織の中に製造部門，販売部門，研究開発部門といった部門が作られ，それをトップマネジメントが管理します。図に表すと図表7-2のように表されます。この職能別組織の基本的な設計思想は分業の利益，専門化の利益の追求です。業務は分ければ分けるほど細かくなり，それだけを担当する（専門化する）ことで効率が高まります。組織の規模の拡大に伴い，それぞれの仕事を専門に行う部門を作っていき，働く人の専門性を活かそうという組織形態です。これらの部門間の調整を行うのがトップである社長です。そのため調整の責任と権限がトップに集中している集権的な組織といえます。

　この職能別組織は専門化の利益，分業化の利益を実現すると同時に，集権的であるために，全体として統制がとりやすく，規模の経済が実現されやすい組織でもあります。一方，専門化が進むことで部門間の対立（セクショナリズム）が起こることがあります。また業績に対する各部門の責任も不明確です。情報がどうしてもトップに集中するため，トップの情報処理負荷が大きくなり，重要な問題についての意思決定が遅くなるという短所もあります。

　このような短所がありながらも，企業の規模がそれほど大きくなく，単一の事業を行っている間は非常に効率的な組織形態でした。しかしながら，第2節

図表 7-2　職能別組織

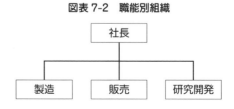

でみたように企業は環境に適応しようとして新規事業へ進出したり，新たな産業を創造したりして，これまでとは違った事業を行うようになります。企業が新規事業への多角化を進め事業活動が多様になると，仕事の種類で部門化された職能別組織はうまく機能しなくなります。多様な製品を同じ生産部門で生産する場合，あるいは異なる製品を同じ販売部門で販売することは困難になってきます。また製品数が多くなるとトップが調整しなければならない問題も多くなり，トップに大きな負荷がかかってきます。このように事業の多様化に伴い，職能別組織では不都合な部分が多くなってきます。それを解決しようとしたのが次に示す事業部制組織です。

⑶　製品や地域ごとに分ける：事業部制組織

　事業部制組織は，多角化した企業が事業構造の多様性に対応するために，製品別，あるいは地域別に部門化を行った組織形態です。製品や地域が多様になると，職能別組織ではその多様性に対応できなくなるため，製品の特徴に応じて，あるいは地域の事情に応じて部門を分ける事業部制組織が採用されるようになります（図表7-3参照）。

　事業部制組織の各事業部は，職能別組織が持つ各職能を備えた自律的な組織単位です。事業部の責任者は事業部長と呼ばれ，製品あるいは市場に関する意思決定権限と責任を持っています。事業部長はあたかも小さな企業の社長のような存在です。このような小さな企業の集まりは本社機構の存在によって，ひとつの組織として統一のとれた行動が可能となります。事業部制組織は，事業

図表7-3　事業部制組織

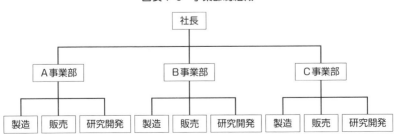

部長に業務的な意思決定権限を移譲する分権的な組織であるため，トップの情報処理の負荷が軽減され，トップは企業の方向性を決める戦略的意思決定に専念できます。また製品別に組織が分かれているので，その製品独特の問題に対応することができます。事業部の業績が客観的に示されるので，競争が促されると同時に経営的な視点を持った経営者候補も育成されます。

　一方，事業部間でよく相談しておかないと，それぞれの事業部で同じような投資が行われてしまうなど無駄も発生し，独立性の高い事業部間の情報交換が難しくなるという短所もあります。業績を客観的に評価できる反面，短期業績志向に陥り，長期的な視点で経営ができないという問題や，全社的な利益よりも事業部の利益を優先するという問題も起こってきます。

　以上のような職能別組織と事業部制のそれぞれの長所を生かし，短所を克服しようとして考えられたのが，次に示すマトリックス組織です。

(4)　いいとこ取りをする：マトリックス組織

　マトリックスとは行列を意味する言葉で製品軸，あるいは地域軸と職能軸の2つの軸により形成される組織形態です（図表7-4）。**マトリックス組織**は職能別組織が持っていた専門化の利益，規模の経済性などの長所と，製品ごと，あるいは地域ごとの問題に柔軟に対応できるという事業部制の分権管理の長所を両立させようとしたものです。

　マトリックス組織は職能部門の資源や知識を有効に活用できるとともに，事業部の目的遂行にも柔軟に対応できるというメリットがあります。また多元的な情報伝達の経路を持つために迅速な意思決定ができるという長所もあります。

　しかしながら，図表7-4を見てもわかるように，非常に複雑な構造を持つために，実際の運営は難しいといわれています。最大の問題は各部門のメンバーが二人のボスを持つということです。例えば，A事業部長と製造部長の下で働く従業員が，二人のボスから矛盾する命令を受けた場合，彼はどちらの命令に従うべきなのか，判断ができません。こうしたことを避けるため，かねてから指揮命令系統は一元的であるべきだとされてきましたが，マトリックス組織

図表7-4　マトリックス組織

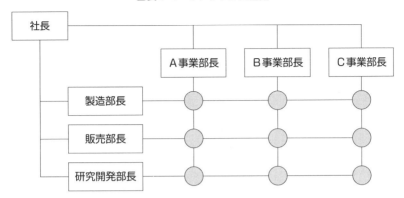

はこの命令一元化の原則に反していることもあり，よほどうまく調整が行われ
ないと効果を発揮しない組織形態といえます。

---

 break time 7.1　多様な組織形態

　上で見た典型的な職能別組織，事業部制組織，マトリックス組織といった組
織形態だけでなく，日本独特の組織形態として**カンパニー制**という組織形態が
あります。カンパニー制は事業部門を独立した会社のようにみたててカンパ
ニーと呼び，そのカンパニーに利益責任だけでなく社内資本金制度によって資
産や負債，資本の管理責任も負わせるようにした組織形態です。わが国では
1994年にソニーによってはじめて採用されました。各カンパニーは法律上独
立した会社ではないので「社内分社制」，あるいは「疑似的な持株会社」とも
いえます。
　企業内の全カンパニーを法律的に独立させて子会社にしたものが持株会社で
す。一般に持株会社といった場合，株式の保有のみを目的とした純粋持株会社
のことを意味します。このような持株会社は広く世界中に見られますし，日本
では戦前に財閥が持株会社の形態をとっていました。しかしながら戦後，連合
国軍最高司令官総司令部（GHQ）によって財閥が解体され，持株会社の設立
も禁止されてきました。1997年の独占禁止法の改正により，純粋持株会社の
設立が可能になり，いくつかの企業が純粋持株会社となりました。例えばセブ
ン‐イレブンを運営する㈱セブン‐イレブン・ジャパンは株式会社セブン＆ア
イ・ホールディングスという純粋持株会社の傘下で経営されています。持株会

社の設立によって，合併・買収による企業再編を柔軟に行うことができるよう
になったといわれています。

⑸　組織は戦略に従う

　これまで見てきた組織形態の変化は，現実にはどのように起こっているので
しょうか。アメリカでは19世紀末から20世紀初頭にかけて，鉄道業がその規
模を拡大していきました。鉄道業では列車の運行や保安等を行う業務部門と社
長を補佐する本社スタッフ部門を分離し，各部門が業務に専念できる仕組みが
作られ職能別組織が生まれました。この組織形態は列車の運行といった単一事
業を管理する大規模企業にとっては非常に合理的な組織形態でした。

　しかしながら1920年代には新たな組織形態がアメリカの企業で採用される
ようになります。事業部制組織の採用です。例えば多くの自動車会社が統合し
て生まれたGM（General Motors）という自動車会社では，多様な製品ライン
を管理するために事業部制組織を採用しました。同じころ，火薬会社であった
デュポンは，第一次世界大戦の終結による需要の減少に対応するため，さまざ
まな事業領域に進出し，総合化学会社へとその姿を変えました。その多様な事
業を管理するために職能別組織から事業部制組織へと組織改編が行われました
（こうした詳細は，チャンドラーの『組織は戦略に従う』に掲載されています）。

　事業の多様性の増大とそれを管理する必要性が事業部制組織を誕生させたと
いえます。チャンドラーはこれらのアメリカ大企業の分析から，企業の組織構
造はその企業が採用する戦略によって規定されることを示し，「組織は戦略に
従う」という命題を提唱しました。

　日本でも松下電器産業（現パナソニック）がアイロンやラジオなど多様な製
品を扱うようになり，1933年にわが国で初めて事業部制を採用しました。こ
のように，多角化の進展によって組織形態が職能別組織から事業部制組織へと
変化するという現象は，国が違っても成り立つ普遍的な命題であるといえま
す。

break time 7.2　成長によって変わる組織形態

　組織はどのようにその形を変えていくのでしょうか。実は，企業はその成長に合わせて組織形態を変えていくことが知られています。このことを明らかにしたのが，ガルブレイスとネサンソンという学者です。

　彼らによれば，最初はごく単純な組織から出発しますが，規模の拡大に合わせて職能別組織を採用するようになります。さらに関連事業へ多角化を展開することによって事業部制組織を採用するようになっていきます。さらに事業をグローバルに展開することによって世界的な多国籍企業へと変化，発展させていくというのです（図表 7-5 参照）。

図表 7-5　組織の発展段階モデル

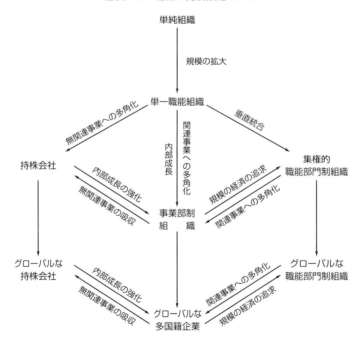

出所：Galbraith and Nathanson（1978），邦訳 139 ページを参考に筆者作成。

　彼らは，組織形態は緩やかに，連続的にだんだん変わっていくようなものではなく，不連続にかつ質的に大きく変化するという構造変革モデルを提示しました。企業の組織構造が環境の変化に適合的でなくなったとき，組織形態は部

分的にちょっとだけ変化するのではなく，報酬システムや情報システムも含め，大きく根幹から変更されるということです。

　企業は基本的には単純な組織から，より複雑な組織へと移行していきます。多くの企業がたどる一般的な発展経路はあるものの，その経路は多様です。場合によっては事業を縮小し，事業部制から職能別組織へ逆戻りすることもありえます。経路や組織形態がどのようなものであっても，各要素が全体として環境に対して適合的であるように組織がデザインされることが重要なのです。

○━ キーポイント

　戦略を通して多様化した企業組織は，職能別組織から事業部制組織へとその組織形態を変えていく！

演習問題

❶ 機械的組織と有機的組織のメリット・デメリットを整理してみましょう。

❷ 企業を3社選び，それぞれのホームページを見て，その企業がどのような戦略を展開し，どのような組織形態を採用しているか調べてみましょう。

❸ 本章の最後で，チャンドラーの「組織は戦略に従う」という命題を学びました。一方でそれとは逆に「戦略は組織に従う」という命題もあります。それはどういう意味だと思いますか。一体どちらの命題が正しいのでしょうか。

💡演習問題の出題意図と解答のヒントへGO ☞

PC からはこちら ☞ http://www.bunshin-do.co.jp/contents/5069/aim_ch7.html

📖 おすすめ文献

▮ A・チャンドラー著，有賀裕子訳（2004）『組織は戦略に従う』ダイヤモンド社。
　◆ 組織形態が経営戦略に従っていることを実証したチャンドラーの名著です。1967年の邦訳（三菱総合研究所）もありますが，こちらが入手しやすいです。

▮ 加護野忠男（1980）『経営組織の環境適応』白桃書房。
　◆ 本章の第2節で出てきたコンティンジェンシー理論をもとに環境と組織の関係を研究した本格的な研究書です。しっかり勉強したい人にはお勧めです。

3　網倉久永・新宅純二郎（2011）『経営戦略入門』日本経済新聞出版社。
　　◆経営戦略論を本格的に学びたい人にお勧めのテキストです。身近な事例を使い，経営戦略
　　の全体像を分かりやすく解説しています。

第8章

文化を捉える

《組織文化》

★この章で学ぶこと ●●●●●●●●●●●●●●●●●●●●●●●●●●●●●

　これまで，組織での協働をうまく行うためには，分業と調整を基本として組織の"形"（組織構造）が重要であること（☞第2章）や，組織設計にかかる意思決定が繰り返しなされる必要があること（☞第3章）を学んできました。他方で，よりよい協働の実現には，"人"への働きかけ，すなわち，組織のメンバーのやる気（モチベーション）の向上も欠かせません（☞第4章）。そこで，メンバーのやる気を高めるリーダーシップ（☞第5章）や，よいチームワークを醸成するにはどうすればいいか（☞第6章）についても学修してきました。

　本章では，これらそれぞれの組織活動のベースとなる組織文化について学びます。組織文化とは，組織のメンバーによって共有されている，ものの見方，考え方，感じ方を指します。組織文化は，目に見えず，捉えづらい微妙なものですが，そうした見えない文化こそが，メンバーのモチベーションやチームワークのあり方に影響を及ぼし，ひいては組織の"形"（組織構造）がうまく機能するかどうかを大きく左右します。それゆえに，組織文化のマネジメントは，リーダーの最も重要な役割のひとつでもあります。

　以下，組織文化とは何か，組織文化はどのように形成され維持されるのか，組織文化を読み解くにはどうすればいいか，そして，組織文化をマネジメントするにはどうすればいいかについて，ともに理解を深めていきましょう。

🔍 **この章で学ぶキーワード**
　　●組織文化　●組織社会化　●人工物　●価値　●基本前提

7　組織文化とは

(1)　組織文化とは

　海外に行ったことのある人なら誰でも，現地と日本との違いに驚いた経験があるでしょう。街並み，服装，お店で売られているもの，料理の味付け，人々の接し方，仕事や人生についての考え方など，そこにはさまざまな違いがみられます。私たちは通常，こうした違いを「文化の違い」と表現します。それぞれの国や地域には，それぞれ異なる文化があり，何が「当たり前」であるかも，それぞれの文化によって違っているのです。

　同じことが，組織の場合にも言えます。組織にもそれぞれ異なる文化があり，ある組織の「常識」が，他の組織では「非常識」であったりします。学生の皆さんにとっては，高校の校風や校則の違いを思い浮かべてもらうとわかりやすいでしょう。生徒の自主性を重んじ，髪型や服装を自由にしている高校もあれば，反対に規律を重んじ，髪型や服装どころか，中には男女交際を校則で禁じている高校まであったりします。大学でも，自分の通っている大学と他の大学を比較してみると，教育方針をはじめ，キャンパスの雰囲気や，学生の"ノリ"が違っていることに気づくでしょう。

　このように，それぞれの組織にはその組織固有の特徴（価値観・理念・ルール・暗黙の了解・慣例・言葉遣い・メンバー同士の接し方・服装・建造物など）があります。経営学では，これらを総称して，**組織文化**と呼んでいます。ここからもわかる通り，「組織文化」という言葉は，さまざまなものを指すゆるい定義に基づいて使われており，それがこの言葉の魅力でもあるのですが，本章ではもう少し限定して，組織文化を「組織のメンバーに共有されているものの見方」と定義することにしましょう。

　この定義のポイントは2つあります。1つ目は，組織文化が「組織のメンバーに共有されている」ものだという点です。それは，メンバーそれぞれが持つ個人的なものの見方のことではなく，組織の多くのメンバーに共通してみら

れるものの見方のことを指しています。2つ目は，組織文化が「ものの見方」であるという点です。組織文化は，組織の建造物やメンバーの行動のしかたといった目に見える表面的なものではなく，目には見えないけれど，組織のメンバーが何を考え，何を感じ，どのように行動するのかを根本的に規定してしまう，深いレベルのものであるということです。

(2)　協働のマネジメントにおける組織文化の重要性

　組織文化を「組織のメンバーによって共有されたものの見方」と捉えると，組織でメンバーがうまくコミュニケーションをとって連携していくために，なぜ組織文化が重要であるかが見えてきます。

　まず，文化が果たす最も重要な役割について述べておきましょう。それは，人々が一緒に働くことに対して抱く不安を取り除くことです。人は，他者との協働に際し，根元的な不安を常に抱えています。協働はうまくいくだろうか，自分はどんな行動をすべきだろうか，それに対して他者はどんな反応をするだろうか，自分は他のメンバーから受け入れられるだろうか…。これらの不安が最も顕著に表れるのは，何らかの協働に新たに参加するときです。皆さんも，大学に入学したばかりのときや，初めてアルバイト先に出勤したときには，不安を感じたことでしょう。

　こうした不安に対処するために，私たちは一定のものの見方——この状況ではこういう考え方をすればいいとか，こういう行動をすればいいという共通の了解——を生み出してきました。そうして思考や行動の指針を得ることで，私たちは不安を和らげ，あるいは忘却し，協働を可能にしてきたのです。このように，「ものの見方」としての文化は，私たちが協働を行うための不可欠の基盤となるものなのです。

　さらに，組織メンバーに「共有されたものの見方」としての文化は，メンバーの思考や行動を同じ方向に導き，お互いの行動を予測しやすくすることで，安定した協働を生み出します。それぞれ異なるものの見方をする人たちが協働する場合，意思疎通には大きなコストがかかります。どう考え，どう行動すべきかをいちいち説明したり，話し合ったりしなければならなくなるからで

す。一方，メンバーの間でものの見方が共有されている場合，意思疎通ははるかにスムーズになり，協働はより安定するようになります。

　このように，文化は人々の不安を解消し，安定した協働を生み出す基盤となるものですが，その一方で，文化は人々の思考や行動を縛り，変化への柔軟な適応を妨げてしまうこともあります。組織メンバーにとって文化は，日常的な思考や行動の前提となるものであり，「常識」ともなっているがゆえに，ともすれば，それ以外のものの見方がありえるということが忘れ去られてしまいます。ちょうど，海外旅行などで異文化に触れるまで，自文化という枠の存在に気がつかないように，組織文化も，メンバーの思考や行動を，本人たちが気づかぬうちに制限し，固定化してしまうのです。

　したがって，組織メンバーの協働をうまくマネジメントしていくためには，こうした文化の働きについて十分に理解しておく必要があります。また，当然のことながら，自分の所属する組織にはどのような文化があるのかについても，知っておかなければなりません（☞3節）。そして，文化がよりよい協働の妨げとなっているような場合には，文化の変革も必要となるでしょう（☞4節）。

> **o━ キーポイント**
> 　組織文化は，深いレベルから私たちの思考や行動を方向づけ，協働を生み出す！

2　組織文化をつくりこむ

(1)　組織文化の形成

　それでは，組織文化はどのようにして生まれてくるのでしょうか。ここでは，新しく作られた組織において文化が形成されるプロセスをみていきましょう。

　まず，重要なことは，文化は組織メンバーの協働を通じて生まれてくるということです。上述の通り，文化は，組織メンバーの安定した協働を生み出す基盤となるものですが，メンバーたちの協働に先立ってあらかじめ存在しているようなものではありません。それは，組織メンバーが協働を行う中で次第に形作られ，やがて協働の基盤として機能し始めるものなのです。

　大学のゼミを例に，考えてみましょう。初めてゼミに参加するとき，皆さんは多かれ少なかれ，「いったいどんなゼミになるのだろうか？」「私はこのゼミでうまくやっていけるだろうか？」といった不安を感じることと思います。たとえ先輩から，そのゼミの"雰囲気"を前もって聞いていたとしても，実際に参加してみるまで，自分たちのゼミがどのようなものになるかはわかりませんし，こうした不安は拭えないでしょう。

　さて，同じように皆が不安を抱えている中で，多少ぎこちないながらもゼミが始まります。いざゼミが始まると，皆さんは，教員や他のゼミ生の様子をうかがいつつ，ゼミの"空気"や"雰囲気"を敏感に読み取ろうとするでしょう。教員のゼミ生への接し方や，それに対する他のゼミ生の反応などを注意深く観察するうちに，「このゼミはくだけた雰囲気だな」とか，「このゼミの空気は重苦しいな」といった印象を抱くようになります。それがどのようなものであれ，ゼミの"雰囲気"がある程度つかめてくると，皆さんは，「このゼミではこのように行動すればいい」ということがわかるようになります。"くだけた雰囲気"なら，それに合わせて，皆さんもリラックスした発言や行動をするようになるでしょう。その結果，そうした行動パターンは強化され，やがてゼミ生に共有されることで，そのゼミの「文化」となります。このように文化は，人々が手探りで協働を進めていく中で，徐々に輪郭が与えられ，やがて安定した協働の基盤となるものなのです。

　この組織文化の形成プロセスにおいて，特に重要な役割を果たすのが，リーダーです。リーダーは，組織の設立者・代表者・指導者として，その組織の方向性や方針を示す立場にあり，そうした立場ゆえに，文化の形成において他のメンバーよりも強い影響力を持つことになります。実際，企業の創業者をはじめ，多くのリーダーたちは，この組織は何を目的とし，何を大切にするべきか，組織の理念を表明することで，自らの望む通りに組織文化を作り上げよう

とします。

　ただし，リーダーの表明する理念が，そのまま組織文化に結実するとは限りません。上述の通り，組織文化は人々の協働を通じて生まれてくるものだからです。協働の中で，メンバーは通常，リーダーが掲げる理念よりも，リーダーが実際に示す行動・態度・感情に関心を向けます。リーダーはメンバーの前でどのようにふるまうのか，メンバーのどのような行動に興味を示し，どのような行動に顔をしかめるのか，どのようなメンバーが「お気に入り」であるのか，自身の方針に従わないメンバーにどのように対処するのか──メンバーは，こうしたリーダーの一挙一動を注意深く観察し，それに応じた行動を取るようになります。次第に，「この組織ではこのように考え，行動するのがよい」というパターンが共有され始め，それがやがて組織文化となるのです。

　組織文化の形成におけるリーダーの影響力とは，このような意味でも大きなものです。したがって，もしリーダーが組織文化を自らの望む通りに作り上げたいと思うなら，自分自身のふるまいを意識的に管理する必要があるでしょう。

☕ break time 8.1　松下幸之助の経営理念

　パナソニック（旧・松下電器）は，1918年（大正7年）3月7日に，松下幸之助によって創業されました。しかし，松下幸之助本人は，創業から14年後の1932年（昭和7年）5月5日を松下電器の「真の創業日」とし，現在のパナソニックでも，5月5日が創業記念日となっています。いったい，1932年5月5日に何があったのでしょうか。

　この日，大阪・堂島の中央電気倶楽部にて，松下電器の第1回創業記念式が挙行されました。集まった社員を前に，松下幸之助は次のように宣言しました──企業の真の目的は，事業を通じて社会の繁栄へ貢献することである。自社の繁栄は，社会への貢献を為すためにのみ許される──そして，社会の繁栄を実現するための250年間にも及ぶ壮大な計画を，松下電器の使命として描いたのです。

　それまで松下電器には，全社員に共有される経営理念と呼べるようなものはありませんでした。松下幸之助が経営理念の重要性を実感したのは，天理教本部へ参詣したときのことです。天理教の信者たちは，不況の時代にあっても喜

びに満ち，教義に従い敬虔に暮らしていました。松下幸之助は，そんな信者たちの姿に心を動かされ，理念や使命に向かって団結して邁進することこそが，人々に生きがいを与えるのだと確信したのです。実際，松下幸之助が掲げた理念や使命は，社員から熱烈な支持を受けました。1932年5月5日，経営理念を得ることで，松下電器には改めて，そして，真の生命が吹き込まれたのです。

⑵　**組織文化の維持**

　組織文化は，ひとたび形成されれば自ずと存続するというようなものではありません。文化が「ものの見方」である以上，そうした「ものの見方」をする人がいなくなれば，文化は過去の遺物となってしまいます。特に組織はメンバーが頻繁に入れ替わるため，文化を絶やさないためには，新たに参入してくるメンバーに文化を継承しなければなりません。ここでは，組織文化を維持するための方法として，採用と社会化の2つを取り上げましょう。

　組織文化を維持する第1の方法は，組織文化にフィットしそうな人を採用することです。採用は，第一義的には，その人が職務をうまく遂行できそうか，知識やスキルを見極めるための活動です。しかし，とりわけ日本企業では，そうした知識やスキルは入社後の人材育成によってある程度カバーできると考え，それよりも自社の文化にフィットするかどうかを，採用のより重要な基準としてきました。皆さんも，サークルで新入部員を勧誘する際は，サークルの"雰囲気"がうまく伝わるようなビラを作ったり，自分たちの"ノリ"に合いそうな人に優先的に声を掛けたりすることでしょう。

　組織文化を維持するための第2の方法は，組織に新しく入ってきたメンバーに文化を教え込むことで，これを**組織社会化**と言います。いくら文化にフィットしそうな人材を採用したとしても，当の新規メンバーたちはまだ組織文化についてよく知りませんし，仮に知っていたとしても，大抵は大雑把で，しかも間違った理解をしているものです。それゆえ，組織文化の維持のためには，新規メンバーに文化をきちんと教え込む必要があるのです。

　ただし，文化の教育は容易ではありません。かつて日本企業では，企業に

「染まる」ことがよき企業人の条件とされ、実際に多くの従業員が企業の文化を全面的に受け入れてきました。しかし、個々人の価値観が多様化し、多様性こそが尊重すべきものとされる現代では、かつてのような企業人の姿は、組織への過剰同調として、むしろ望ましくないものとみなされるようにもなっています。もはや何かひとつの価値や理念を皆が強く信じ込むということは、同じ組織の中でさえ成立しにくくなっていると言えるでしょう。

とは言え、これまで述べてきた通り、文化は人々の協働をうまく達成するための基盤となるものであり、その重要性が失われたわけではありません。また、文化を教え込むことが、ただちに組織への過剰同調を引き起こすわけでもありません。こうした過剰同調は、むしろ、文化の教育が適切になされなかった結果とみなされるべきでしょう。重要なことは、組織文化は「うまく」教え込まなければならないということです。文化の維持のためには、文化を「うまく」教育するためのさまざまな"方法"や"ワザ"（組織社会化戦術と言います）にも、注意を向ける必要があるでしょう。

---

o━ キーポイント

　　組織文化は、組織のメンバーの協働を通じて、形成され、維持される！

3　組織文化を解読する

本章ではこれまで、組織文化とは何か、どのように形成され維持されるのかについて学んできましたが、より大切なことは、実際の組織を観察し、その文化を深く捉えられるようになることです。そこで本節では、アメリカの経営学者エドガー・シャイン（E. H. Schein）によって提唱された、組織文化の解読のためのモデルを示しておきましょう。

シャインによれば、組織文化は、(1)人工物、(2)価値、(3)基本前提の3つのレベルに沿って捉えていくことで、よりよく理解されます。これらのレベルは、後になるにしたがって、文化のより深いところを捉えたものになります。

図表 8-1　組織文化の３つのレベル

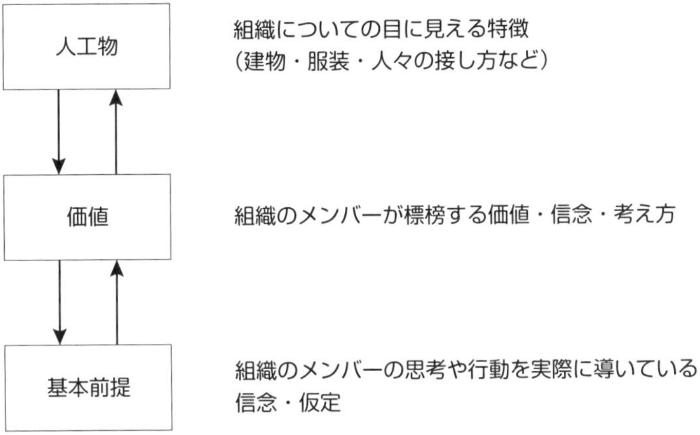

人工物	組織についての目に見える特徴 （建物・服装・人々の接し方など）
価値	組織のメンバーが標榜する価値・信念・考え方
基本前提	組織のメンバーの思考や行動を実際に導いている 信念・仮定

出所：Schein（1985），邦訳 19 ページを参考に筆者作成。

(1)　人工物

　組織文化の第１のレベル，最も表面的なレベルが**人工物**です。人工物とは，その組織に入っていったときに目で見えるもの，耳で聞こえるもの，手で触れることのできるもののことを指します。例えば，大学の中を歩いてみれば，どんな建物があるか，学生や教職員はどんな服装をしているか，授業はどのように行われているか，キャンパスは全体的にどんな雰囲気であるか，といったことがわかります。この人工物のレベルでも，それぞれの組織にはさまざまな違いがあることに気づくでしょう。

　しかし，いくら人工物を観察したところで，なぜそれぞれの組織がそのようになっているのか，なぜ組織のメンバーがそのような行動をとるのかについての理由はわかりません。単に人工物を知っただけでは，組織のメンバーのものの見方や考え方を，十分に理解したことにはならないのです。したがって，組織文化を解読するためには，文化のより深いレベルを捉える必要があります。

(2)　価値

　組織文化の第2のレベルが**価値**です。価値は，組織のメンバーが大切にしている信念や考え方を指します。価値はまた，組織になぜこのような人工物がみられるのかを説明してくれるものです。例えば大学では，学生は制服ではなく私服を着用しますが，その理由は，大学組織が「自由」という価値を尊重しているからだと言えるでしょう。

　価値は人工物とは違い，それ自体は目に見えないものですが，価値を探ることはそこまで難しくはありません。価値が知りたければ，組織のメンバーに質問をしてみればいいのです。なぜこの組織ではメンバーはこのような行動をするのか，なぜフォーマルな（あるいはカジュアルな）服装をするのか，なぜ開放的な（あるいは閉鎖的な）空間を作るのか，こうした質問への回答として得られるものが，その組織の価値なのです。もっとも，これら価値は，最近では組織のホームページなどを通して知ることもできます。

　ただし，注意が必要なのは，組織のメンバーによって語られる価値が，実際にメンバーの思考や行動を導いているとは限らないということです。価値は組織のメンバーによって「標榜されているもの」であり，しばしば「タテマエ」のようなものです。それは，組織文化についての「わかりやすく都合のいい説明」「組織メンバーがそうだと思いたい説明」に過ぎないかもしれず，実際には，全く異なる信念や考え方がメンバーを突き動かしているかもしれないのです。よって，組織文化を十分に読み解くには，一層深いレベルまで潜っていかなければなりません。

(3)　基本前提

　第3のレベル，組織文化の最も深いレベルが**基本前提**です。基本前提は，組織のメンバーの思考や行動を実際に導いている信念や仮定を指します。それは，「基本前提」という名称の通り，人間とはどのような存在か，人間関係はどうあるべきか，何を真実とみなし，何を善／悪とみなすかといったことにつ

いての「ホンネ」に関わっており，組織メンバーの思考や行動を最も深いレベルから規定するものです。

　基本前提の解読は，一筋縄ではいきません。組織の部外者にとって，基本前提の解読が難しいのは言うまでもありませんが，組織の内部者（メンバー）にとっても，それを正確に把握することは難しいのです。その理由は，基本前提が，メンバーにとって当然とみなされ，疑問視されることのなくなったものの見方だからです。人に指摘されて初めて，自分たちがそうしたものの見方をしていたことにはっと気づくような，そんな暗黙の領域に沈んでいるものが基本前提なのです。

　基本前提を解読する簡単な方法はありませんが，ひとつコツを示しておきましょう。それは，組織のメンバーが標榜する価値と矛盾するような人工物を探してみることです。例えば，「学生の主体的な学び」を掲げる大学が，一方では，授業での出席管理を徹底しているとすれば，そこには価値では説明されない何らかの基本前提が潜んでいることがわかります。大学が表向きに掲げている「学生の主体性の重視」といった価値とは裏腹に，「学生は強制しなければ勉強しない」という人間仮説が基本前提となっているのかもしれません。

　ただ，基本前提については，その組織のことを十分に知るまで，早まった判断は避けるべきです。先の例でも，実際の基本前提となっているのは，「学びの主体性は，講義への参加を通してこそ育まれるものだ」という信念であるのかもしれません。いずれにせよ，組織の基本前提は，時間をかけて注意深く読み解いていくことが大切です。

○━ キーポイント
　組織文化の解読には，人工物・価値・基本前提の３つのレベルを意識しよう！

4 組織文化を変えていく

(1) 文化の変容：異文化との接触

　本章2節で学んだように，一般的に文化は，組織メンバーによって代々受け継がれていくものですが，文化はときに，大きく変化することもあります。ここでは，文化はどのように変化するのか，組織文化の変容・変革についてみていきましょう。

　どんな文化であれ，その変容の主なきっかけとなるのは，異文化との出会いです。明治期，西洋文化が流入してくることで日本文化が大きく変わったように，異文化との出会いによって私たちの日々の暮らしや活動が変わるとき，文化は変容し，新たな文化が根づいていきます。それゆえ，こうした時期には，自文化の維持をめぐる議論も活発になされます。

　組織の場合，異文化との接触が最も劇的に起こるのは，複数の組織がひとつに吸収合併するときでしょう。違う組織から集まったメンバーで協働を行うことになれば，それぞれが持ち寄った異なるものの見方が突き合わされ，衝突することになります。その中で，リーダーが示す方針や，それに対するメンバーの反応のあり方次第によって，いずれの組織の文化が保持／淘汰されるのか，それとも，複数の文化が融合して新たな組織文化が形成されるのかが決まることになります。

　もっとも，異文化は，なにも自文化の外部にのみ存在するわけではありません。一口に日本文化と言っても，その内部にはさまざまな異なる文化がみられるように，同じひとつの組織の中にも，異文化は存在します。皆さんも，自分が所属する組織を見渡せば，組織文化が決して一枚岩ではないことに気づくはずです。同じ大学であっても，経営学部と文学部では，かなり違った文化がみられるでしょう。部活動やサークルにも，それぞれに文化の違いがあるはずです。このように，同じ組織であっても，その部門ごとに独自の下位文化（サブカルチャー）が生まれてくるのです。

　こうした下位文化の中には，組織のリーダーが浸透させようとする文化に鋭く対立するようなものもあります。皆さんの所属している組織の中にも，多数派の人々が受け入れている文化に馴染まない人たちがきっといることでしょう。こうした人たちはしばしば，主流の文化への敵対や不服従を特徴とする対抗文化（カウンターカルチャー）を形成します。これら対抗文化は，組織やリーダーへの反抗や冷笑を生み，協働を妨げることもあります。

　しかし，対抗文化の存在は，組織にとって必ずしも悪いわけではありません。人類の歴史を振り返っても，政治，経済，科学，芸術，どんな分野であれ，大きな転換の多くは，主流派に対抗する人々によって推進されてきました。組織においても対抗文化は，最も根本的に文化を問い直させ，文化を変容させることで，停滞した組織を活性化する要因にもなりえるのです。

---

 break time 8.2　組織を深く鋭く捉える：組織エスノグラフィー

　経営学には，組織文化の観点から，企業の内部を深く鋭く捉えた金字塔と呼べる研究があります。ギデオン・クンダ（G. Kunda）による，アメリカのコンピューター企業テック社（仮名）の研究です。クンダの研究が行われた1980年代後半，テック社はコンピューター関連の先進的な事業を展開しており，同様に組織文化もまた先進的なものでした。テック社の経営陣は，「ボトムアップ」「自由」「自律」「人間中心」「創造」「仕事熱心」「楽しさ」「テック＝家族」といった価値を掲げ，それらを社内に浸透させることで，従業員のモチベーションを高め，テック社への積極的な貢献を引き出していたのです。

　ただ，すべての従業員がテック社の文化に心酔していたわけではありません。社内には，テック文化に反発する従業員も存在しました。なかでも，目立った抵抗や嫌悪を示したのは，エンジニアたちでした。と言うのも，エンジニアたちには元来，「権力に服従しない」という反骨精神が共有されていたからです。あるエンジニアは，経営幹部の講演会にも出席せず，「あんな脳天気なたわ言，一言も聞く必要ないね」「いつも通りのまやかしだし，どうせまた聞かされることになるんだから」と語るなど，テック文化に対して極めて冷笑的な態度を取っていました。

　しかし，テック社の経営陣は，こうしたエンジニア文化を逆手に取ります。エンジニアたちがテック文化の「ばかばかしさ」を語りあうことは，テック社

では罰されるところか，むしろ積極的に容認されていたのです。ここには，経営陣の巧妙なねらいがありました。エンジニアたちを無理にテック文化に染め上げようとすると，一層の反発を招いてしまう。むしろ，テック社への「反逆者」という自己像を彼らに抱かせることが，反骨精神を持ち，優秀だが扱いづらいエンジニアたちを飼い慣らし，テック社にうまく取り込むためのコツだと考えたのです。

　さらにクンダの研究では，エンジニアたちが抱く自己像が，実は経営陣が思っている以上に複雑で不安定なものであったことなども論及されており，まさにテック社の内部で何が起こっているかを，組織文化のレンズを通して克明に描いたものになっています。こうした濃密な記述を行うためにクンダが用いた研究方法も興味深く，彼は，テック社の内部に入り込んで，従業員たちの日々の活動に自分も参加するという方法をとりました。このように，組織の内部に入り込み，内部者と同じ経験をすることで文化（内部者のものの見方）を捉えていく研究方法を，組織エスノグラフィーと言います。エスノグラフィーは，元々は文化人類学で生まれた研究調査方法ですが，他学問分野の研究方法を柔軟に取り入れていくことも，経営学の特徴のひとつです。

(2)　組織文化の変革：リーダーシップの役割

　これまで，文化の変容についてみてきましたが，ここでは最後に，組織文化を意図的に変えること，すなわち，組織文化の変革について考えてみましょう。本章1節でも述べたように，文化はときにメンバーの思考や行動を縛り，組織の硬直化を招きます。そうした場合，組織のリーダーは，文化を変革する必要に迫られるのです。

　ただ，初めに指摘しておかなければならないのは，文化は意図的に変えようとすると変わりにくいということです。もちろん，表面的なレベルでの改革は容易です。大学の例を挙げれば，教育の質を改善するために，教室のレイアウトを工夫してみたり，カリキュラムを見直してみたり，新たな教育方針を提示してみたりすることは，さほど難しくはありません。しかし，こうした人工物や価値のレベルでの改革が，どのような教育がなされるべきかという教員の基本前提を変えることにつながるとは限らないのです。

　基本前提は，なぜ変わりにくいのでしょうか。その最大の理由は，基本前提の変更が，組織メンバーの激しい不安や反発を引き起こすからです。ものの見方という深いレベルまで切り込む改革は，これまで組織メンバーが安住してきた世界観，その組織における「常識」や「当たり前」を，根底からくつがえすことになります。学生の皆さんも，「明日から講義は学生が行うこと」と言われると，大いに困惑することでしょう。慣れ親しんだ世界が失われるということは，人々にとっては大いなる脅威なのです。

　シャインは，こうした組織メンバーの不安や反発に対処し，文化の変革を完遂するためには，強力なリーダーシップが必要不可欠だとします。と言うのも，文化の変革もやはり，リーダーと組織メンバーの協働を通して達成されるものだからです。文化の変革を主導するリーダーには，組織の問題点を的確に見抜く洞察力，変革を押し進める実行力，変革を最後までやり遂げる忍耐力と心理的強靭さに加えて，組織メンバーを変革に巻き込み，ともに変革を成し遂げていくことが求められるのです。

　組織メンバーを変革へ関与させるためには，リーダーは単にメンバーを先導するだけでなく，メンバーの意見を辛抱強く聞き，基本前提の変更によって彼らが被ることになる痛みを十分に理解しようとする必要があります。対抗文化の存在にも目を向け，自身への批判にも真摯に耳を傾けた方がよいでしょう。さらには，メンバーたちの世界観を一新するために，ともに変革に挑みたくなるような深遠なビジョンを描き，それをメンバーに向けて執拗に発信しなければなりません。このようにリーダーには，メンバーとともに変革を達成するのだという姿勢を，常に示し続けることが求められるのです。

　以上，文化の変革において，リーダーには非常に厳しい要求が課されます。文化の変革とは，これほどまでに骨の折れるものなのです。繰り返しになりますが，忘れてはならないのは，文化の変革がリーダーとメンバーの協働を通じてこそ達成されるものであることです。リーダーによる独断的な決定と一方的な命令では，変革は実現されません。まさしく，メンバーを鼓舞し，よりよい協働を生み出すリーダーシップこそが，変革の成否を握るのです。

�o━ キーポイント

組織文化の変革には，人々を巻き込む強力なリーダーシップが不可欠である！

演習問題

❶　組織文化はどのように形成され，維持されるのかについて説明してください。

❷　シャインの組織文化のモデルに沿って，あなたの身近な組織にはどのような文化があるかを解読してください。

❸　組織文化の変革においては，リーダーが決定的に重要な役割を果たしますが，リーダー以外のメンバーが果たすことのできる役割には，どのようなものがあるでしょうか。ゼミ，サークル，アルバイト先など，皆さんにとって身近な組織を念頭に考察してください。

💡演習問題の出題意図と解答のヒントへGO ☞

PC からはこちら ☞ http://www.bunshin-do.co.jp/contents/5069/aim_ch8.html

📖 おすすめ文献

1　E・H・シャイン著，尾川丈一監訳，松本美央訳（2009）『企業文化［改訂版］　ダイバーシティと文化の仕組み』白桃書房。
　　◆組織文化について深く体系的に学ぶことができ，また入門書としても適切なテキストです。

2　G・クンダ著，金井壽宏解説監修・樫村志保訳（1992）『洗脳するマネジメント　企業文化を操作せよ』日経 BP 社。
　　◆本章の break time 8.2 にて取り上げた，組織エスノグラフィーの代表的な研究です。

3　出口将人（2004）『組織文化のマネジメント　行為の共有と文化』白桃書房。
　　◆組織文化とは何かという問題に，本章とは異なる切り口から挑んだ意欲的な研究です。

第9章

情報・知識を捉える

《知識創造》

★この章で学ぶこと ••••••••••••••••••••••••••••••••••••

　皆さんは知りたいことやわからないことをインターネットで検索する機会が多いと思います。大量の検索結果から，自分が本当に求めている情報にたどり着くために検索ワードを工夫することもあるでしょう。現在の情報過多の世の中では，情報を上手に扱うための知識が必要です。これは日常生活の中だけに限らず，企業などにおいても同様です。経営組織論でも情報や知識をいかにうまく活用するのかが検討されています。

　本章では，情報とは何か，知識とは何かについて学修します。また，情報や知識をマネジメントするための方法を紹介します。知識は氷山に例えることができます。知識の大部分は意識されないまま私たちの中に眠っており，一部の知識のみが文章や数字として表されているのです。文章や数字に表すことができる形式知はデータベースなどに蓄積され，組織で活用されます。文章化されていない暗黙知については，私たちはその知識を持つ人物にアクセスし，共有したり活用したりすることになります。

　組織メンバーの知識を「使う」だけでなく，全く新しい知識を創造する試みも重要です。本章では知識創造のための組織的仕組みとして二重編み組織について学びます。最後に，企業の競争優位を生み出すはずの知識が，むしろ環境の変化に順応する足かせとなる可能性を示唆し，知識マネジメントの課題を学修します。

🔍 **この章で学ぶキーワード**

　　●情報　●知識　●知識創造　●場　●実践共同体　●コア・リジディティ

7　情報化社会における私たちの生活の変化

(1)　情報技術の発達による社会の変化

　いまやスマートフォンやPCは私たちの生活の必需品となりました。友人と遊びに行くときは，スマートフォンひとつあれば，電車の乗換え案内の検索，駅に到着したら友人に「どこにいる？」とやりとりをして合流，美味しい飲食店の情報も映画の時間も検索，写真を撮ってSNSに投稿することもできます。

　もちろん，ビジネスシーンも大きく変わりました。仕事に必要な資料は，かつてのようにファイルが並んだ資料室ではなく，ネット上に目に見えないデータベースとして保存され，必要な時は社外からでもすぐに確認できるようになりました。ほとんどの書類が電子化されることで，毎日オフィスに行かなくても仕事ができるという人も増えました（☞第11章，192ページ）。

　こうした**情報技術**の革新はビジネスのあり方に対して直接的に大きな影響を及ぼしました。インターネットを活用したビジネスは枚挙にいとまがありません。ネットショッピングという販売形態のおかげで，その地域に行かなければ購入できなかった特産物を，私たちは手軽に手に入れることができるようになりました。また，ほんの数年前まではネットショッピングには不向きであると考えられてきた衣料品——実際に見て触って試着して購入を決定するものと考えられてきた衣料品——でさえ，ネットによる購入が可能となり，ますます増えてきています。

　インターネットが台頭した時のインパクトに勝るとも劣らないのは，AI（人工知能）の本格的活用の潮流です。すでに私たちは生活の多くの場面でAIのお世話になっています。例えばある不動産会社では，顧客が自社のウェブサイトで閲覧した内容をAIできっちり把握し，その顧客の好みに合う情報を提供しています（日経産業新聞2019年1月28日）。今後もさまざまな分野にAIが導入されることで，私たちの生活やビジネスのあり方が大きく変化していくと考えられています。

⑵　情報化と企業の強み

　ITやAIが導入されることで，劇的な仕事の効率化や顧客への新たな価値の創造が実現するならば，どの会社も予算が許す限りITやAIを導入するでしょう。では，すべての企業がITやAIを導入したならば，技術的な同一性をもとに組織構造や学習などの活動パターンが類似化し，どの企業の行動も似たようなものになってしまうのでしょうか（☞第7章，113ページ）。

　…実は，答えはNoです。競合がひしめく業界の中から頭角を現し，今や業界の中で確固たる地位を築いている会社は，同業他社とは異なる何かを常に生み出し続けています。本章では，ある企業が同業他社よりも有利になる理由を，情報と知識のマネジメントという視点から考えてみることにしましょう。

　例えば，関東を中心に中華レストランチェーン店を展開しているA社とB社という同規模程度の会社があったと仮定してみましょう。両社いずれも，安くて美味しい中華料理を強みとして関東圏に多数の店舗を持っており，そろそろ関西にも出店したいと考えています。そうした関西進出を成功させるための重要な要因のひとつが情報や知識をきっちり活用することなのです。

　具体的に考えてみましょう。A社は関西にある競合企業の情報を収集し，競合他社とはかぶらない中華レストランの出店を計画しました。他方B社は，自社の力のみならず，関西に詳しい会社の協力を得ることが成功の近道であると考えました。そこで関西の有力な飲食系企業の情報を収集し，そのうちの1社であるC社に打診し，B社とC社の共同出資で中華レストランを出店することにしました。B社はC社が持っている関西の飲食業界で有効なノウハウや知識を活用することができますし，C社はB社の中華レストランチェーン出店のノウハウや知識を期待しています。

　ここで，A社とB社はともに関西進出という同じ目的を有していたのですが，その目的を実現するために必要と考えた情報や知識が異なり，目的を達成するためにとった行動も別のものでした。A社もB社も規模が同じであり，情報収集の機会に大きな差異があったとは考えにくいです。A社とB社がそれぞれ別の手段をとった理由は，各社が目的達成のために必要であると考えた

情報や知識が異なっていたからなのです。つまりＡ社は，他社とちがったスタイルの中華レストランであれば成功するだろうと考え，単独で進出をもくろみましたが，Ｂ社は，自社の力だけでは不十分と考え，Ｃ社と手を組むことを考えたのです。Ｂ社は，Ａ社とは違い，こういう状況では他社であるＣ社と協力することで，Ｃ社が使っていたノウハウを利用できるのではないかと考えたのです。Ｂ社はこういう知識を有していたのです。

　これは架空の事例ですが，ここから本章に関わる2点の重要なポイントを挙げることができます。ひとつは，たとえ同じようなITやAIを導入したとしても企業のとる行動が同じになるわけではないということです。たとえ同じ情報や分析結果を得たとしても，企業がそれを重視するか否か，それをどのように認識するか（例えば中華レストラン出店ブームを好機と捉えるのか危機と捉えるのか）は，各企業がその点をどう捉えるかや，会社の戦略によって異なるでしょう（☞第7章，117ページ）。

　もうひとつは，そもそもどのような情報が必要であると考えるのかも各企業によって異なるということです。企業が目的達成のために優先的に収集する情報が異なれば，おのずと企業もそれぞれ独自の行動をとることになるでしょう。中華レストランチェーン店Ａ社とＢ社は関西進出の方法を採択するという重要な意思決定を行いました。企業にとって重要な意思決定に関わる現象をより良く理解するために，次節では企業における情報・知識とそのマネジメントに関する考え方を学修しましょう。

○━ キーポイント

　企業の行動を左右する鍵は「情報技術」ではなく，技術を用いて得られた情報や知識をいかに活用するかである！

2 情報・知識とは

(1) データ・情報・知識

　前節では，情報も知識も，ほぼ同レベルのものとして説明してきました。しかし，精確にいうと情報と知識は異なります。あるいは，情報や知識と似たデータという用語もありますね。…ここではまず，データや情報，知識とは何か，それぞれ定義してみることにしましょう。

　データ，情報，知識の定義はさまざまな研究者によって行われており，それらにすべて目を通し整理するだけでもかなり大変です。章末でおすすめ文献として挙げている『ワーキング・ナレッジ』の定義を参考にしながら定義を行い，より理解を深めるために事例を挙げてみます。

　まず**データ**とは，何事かに関する事実の集合です。例えば，パソコンの表計算ソフトを少しいじれば，たくさんの数字が出てきますね。…あれはデータです。あるいは，理科の実験などでレポートを作成するとき，実験データをとる，というような言い方もよくします。

　別の例で考えてみましょう。とある喫茶店では，月曜日の開店後に最初に来店したお客様は初老の男性でした。彼はコーヒーを注文しました。次に来店したのは2名の若い女性です。彼女たちはフルーツゼリーを注文しました（彼女たちはこの喫茶店の見目麗しいデザートがお目当てだったようで，写真を撮ってSNSに投稿していました）。これらは，すべてデータです。この後も来店する顧客のデータをとることはできます。しかし，これらは次に見る「情報」とは違うものです。

　情報とは，受け手に何かを伝えるために，人間がデータを編集し，そこに何らかの意味を与えたものです。会社の営業マンの販売実績が数字として並べられている状態では，それは単なるデータに過ぎません。しかし，いったんそれに意味が与えられ，例えば「今月はよく頑張ったし，これはいい成績だ」とかいう状況になれば，それはいわばデータから情報へと進化したことになりま

す。「いい成績」であることを上司が営業マン本人に伝えるために，単なる数字の羅列であったデータに意味を付与したわけです。

　喫茶店の例でみてみましょう。喫茶店では，お店に来店した顧客の年齢層，性別，来店日時，注文した品といったデータからさまざまな情報をつくることができます。例えば，この喫茶店に訪れた客の性別・年齢層別で注文する品を分類すれば，若い女性に人気のある品が分かるでしょう。データを分類することで「若い女性に人気のある」という意味が付加され，情報となったのです。

　さらに，こうした情報が時間をかけて蓄積され，一定のパターンや傾向が分かってくれば，それらの情報は**知識**と呼ばれることになります。例えば，この喫茶店の過去半年の顧客層を分類したところ，20代・30代の女性が4割，50歳以上の男性が2割，その他が4割でした。しかし過去5年までさかのぼってデータを分析すると，20代・30代の女性の来店が増えたのは2年前からであり，それ以前は50歳以上の男性が顧客全体の4割でした。50歳以上の男性の来店数は5年前から変わっておらず，フルーツゼリーがTVで紹介された2年前から20代・30代の女性の来店が増えたそうです。

　このように来店客のデータからさまざまな情報を得ることができました。喫茶店の店主は情報をどのように活かすのでしょうか。現在の顧客の4割を占める20代・30代女性が好む新メニューを作ることにするかも知れません。あるいは，この顧客増加は一過性のものであると考えて，いずれ20代・30代の女性が去った後に喫茶店の売上を支えるであろう50歳以上の男性顧客を逃さないように，コーヒーチケット制を導入したりコーヒーの種類を増やしたりするかもしれません。店長はこれまでの経験で得た情報を使い，○○の場合は△△だ，というような一定の法則性や体系性を，それらの情報の中に見出すことになるのです。こうなった場合，情報は知識と呼ばれるのです。

　このように知識とは，これまでの経験や洞察などから作られており，新しい経験や情報を評価するときに活用されるものです。いわば，データに意味を付与した情報を，さらに一定の時間をかけて蓄積し，そこに何らかの法則性や体系性を見出し，今後，何事かが起こった際に判断する材料として使われるものが知識なのです。

　以上で見た喫茶店の店長の知識は個人の知識ですが，組織にも知識が蓄えら

れている場合もあります。組織の知識は文章，組織の日常業務，慣行，規範の中にあります。組織の知識は，組織が継続的に活動するために必要となるものです。したがって，組織が協働を続けていくためには，組織の知識が必要となります（☞第1章第3節，12ページ）。

(2) 経営資源としての情報・知識

　情報や知識は企業の重要な**経営資源**です。ヒト，モノ，カネといった基本的資源に加え，情報や知識は第4の経営資源とも呼ばれます。企業の競争優位の源泉は企業が保有する情報や知識，そしてそれらのマネジメントであるという認識が，昨今ますます高まってきています。

　パナソニックは社内で活用されていない特許を異業種や海外の研究機関に譲渡・貸しだすことで，社内で眠っていた知識を利益につなげました（日本経済新聞2019年8月9日）。センサーの中核技術を持つパナソニックは，人間の血糖値を測るセンサーを開発するために特許を取得したものの，商品化には至りませんでした。この技術がシンガポールのテマセク工科大学に提供され，魚の病気を診断できる小型センサーとして商品化されることとなりました。パナソニックはテマセク工科大学への特許の提供を皮切りに，今後も社外に特許の譲渡やライセンスを行い，眠っていた技術の商品化を進める意向です。

　企業が保有している知識は，特許のように文字や数字に表現されている知識もありますが，「見える化」がされていない知識もたくさん存在し，競争優位の源泉となっています。例えばソニーは「小型化」の技術を持っており，それが強い競争優位となって多くのヒット製品を生み出しました。同じ機能の商品ならば，より小型化されている商品のほうが，設置場所をとらないことや持ち運びが便利などの理由で魅力的であると言えます。

　ソニーの場合は「小型化」の技術が自社の強みであると認識していましたが，企業によっては，その企業自身が保有していることを意識していない知識が競争優位を生み出しているかもしれません。企業は目に見える資源だけでなく，目には見えない組織に埋め込まれた知識を慎重に扱う必要があります。

(3)　知識労働者という考え方

　情報や知識が注目される中で，かつての工場労働者のような汗まみれの肉体労働者のイメージとはかけ離れた，**知識労働者**（ナレッジ・ワーカー）という言葉が使われるようになりました。研究開発従事者といった，知識を生み出すことを仕事としている人々のことを指しています。

　知識労働者と一般的な労働者を区別して前者の特徴やマネジメントを考察する研究も数多くありますが，本章ではむしろ，組織で働く人々すべてを知識労働者であると捉えることにしましょう。情報や知識の重要度が増した昨今の組織では，すべての労働者が何らかの形で情報・知識とかかわっているためです。

　例えば，モノづくりが日本企業の強みのひとつとして世界に認められていますが，その強みはモノづくり現場で働く人々の日々の知識の研鑽の賜物です。生産現場は言われた通りモノを作るだけでなく，よりよい生産を目指すための知識もまた産出しています。したがって生産現場で働く人々もまた，知識労働者であると言えるでしょう。知識を生み出す業務を行う人材を活かすマネジメントにおいて留意しておくべき点を第4節と break time 9.2 で解説しています。

○┰ キーポイント
　情報や知識は企業にとって重要な経営資源である！

3　知識の創造とマネジメント

(1)　知識の種類

　企業経営において，知識をマネジメントすることは競争優位の獲得につなが

ります。言うのは簡単ですが，どのようにすれば良いのでしょうか。

　知識ではない，モノのマネジメントであれば想像はわりとしやすいでしょう。原材料，仕掛品，完成品を，必要なタイミングに必要な分量だけ供給できるようさまざまな施策がとられています。モノを管理する仕組みがしっかりと作られていれば，どこに何がいくつあるか常に確認することもできます。しかし，知識はモノのようにどこにどれだけあるのか，確認することも難しいです。組織の持つ知識は，文書化されたものもあれば，特定の人物に保有されているもの，慣習や規範のように人々の関係性の中に存在するものもあるでしょう。

　経営学では知識を次の2分類，**形式知**すなわち文章や数字に表された知識と，**暗黙知**すなわち文字や数字に表されていない知識という分類が広く使われています（☞ break time 9.1）。形式知の具体例として会社の規則やマニュアルが挙げられます。暗黙知の具体例としては，製造現場の作業のコツといった個人的な知識はもちろんのこと，職場メンバー間の共有認識といったものも当てはまります。

　知識は氷山にたとえられます。海面に出ている氷山はそのごく一部分であるように，文章や数字に表された形式知は知識の一部であり，知識の大部分は暗黙知のままで存在します。自分がその暗黙知を保有していることを自覚していない場合も多いでしょう。つまり「われわれは語れること以上に多くのことを知ることができる（マイケル・ポラニーの言葉，おすすめ文献**1**にて引用されています）」のです。

---

 break time 9.1　知識創造論と SECI モデル

　知識マネジメントの代表的研究として多くの研究者や実務家に支持されている知識創造理論は，わが国の経営学者，野中郁次郎氏によって提唱されました。形式知と暗黙知の相互変換を通じて知識創造が行われるという考え方は，各知識変換モードの頭文字から SECI（セキ）モデルと呼ばれています。

　SECI モデルは暗黙知を暗黙知のままで共有する「共同化」からスタートします。暗黙知を多くの人々と共有するためには，何らかの言葉に変換する必要があります。この暗黙知から形式知への「表出化」を経て，形式知と形式知の

「連結化」が行われます。各専門家の知識が「連結化」されることで新製品や新サービスが創造されます。そしてこの新製品開発の経験は各組織メンバーの暗黙知として「内面化」されるのです。

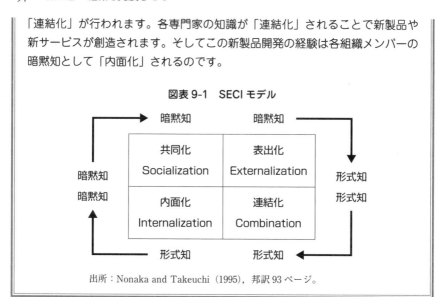

図表 9-1　SECI モデル

出所：Nonaka and Takeuchi（1995），邦訳 93 ページ。

(2)　情報技術による知識の活用

　良い知識は（個人で独り占めするよりも）多くの人と共有，活用されることで，より多くの価値を生み出します。例えば料理上手な人が考案した簡単で美味しい料理のレシピは，仲間内で共有するととても喜ばれるでしょう。インターネット上で広く公開すれば，そのレシピはより多くの人に活用されます。知識の活用に，情報技術を使わない手はありません。

　知識の活用に情報技術を使うためには，知識をできるだけ形式知に変換することが求められます。ビジネスの成功事例すなわち**ベストプラクティス**（Best Practice）は，誰が，いつ（たとえ何年後であっても）読んでも理解できるような文章で表現されていることが望ましいでしょう。

　情報技術による知識の活用方法はさまざまです。形式知についてはデータベースに保存した「知識貯蔵庫（デポジトリー）」の構築を推進しています。形式知にされていない事柄は，その分野に詳しい人物に問い合わせるのがいちばん近道です。そこで，専門的な知識を持つ人物がどこに居るのかを示す「知

識職業別電話帳（ナレッジ・イエローページ）」や「知識地図」が役に立ちます。また，それを情報技術によってそれらをどこからでも閲覧可能にする機能や，知識を持つ人物を素早く検索できるといった機能を装備することでより便利に利用できます。

⑶　知識を共有することの難しさ

　自分の知識を他者と共有することの難しさに直面したことのある人は多いと思います。例えばあなたが画材店の店員のアルバイトをしていたとしましょう。あなたが店員のアルバイトに慣れたころ，新人アルバイトの教育係に任命されました。店内の画材の配置を教えることはそれほど難しくありません。しかしお客様と店員の絶妙な"距離感"については，きっちり教えることは難しいかもしれません。新人アルバイトに入荷した商品の陳列や店内清掃の業務をしてほしいのに，お客様と画材の話で盛り上がっていたら困りますね。お客様への親切な対応は確かに大切な仕事ですが，限度を超えると「仕事をサボってお喋りをしている」状態になります。

　先ほど，知識を形式知と暗黙知で分けました。画材店における顧客対応の事例は，暗黙知を伝えることの難しさに該当します。新人は先輩の仕事ぶりを観察すること，さまざまなお客様への対応を経験することで，徐々に暗黙知を獲得します。前者は暗黙知を暗黙知のままで共有すること，後者は経験のレパートリーを増やすことで知識の本質に近づくことを示しています。

　次に，形式知の共有の難しさについて考えます。文章や数字に表されている形式知は，誰が読んでもきちんと伝わる知識であるように思われるかもしれません。購入したプリンターの取扱説明書なら，書き手の意図が読み手にほぼ正確に伝わるでしょう。しかしながら，形式知であっても相手に伝わりにくい場合も存在します。例えば人文科学の論文を，人文科学の心得が無い人が読んだ場合，その論文の内容を十分に理解することは難しいでしょう。人文科学の研究者の間で共有されている規範（議論の展開の仕方，論文の貢献がどこにあるか）に沿って論文は書かれているはずですから，論文（＝形式知）を読み解くにはその下にある規範（＝暗黙知）を理解しておく必要があるでしょう。

> **○━ キーポイント**
>
> 知識には形式知と暗黙知があり，企業の知識の活用には情報技術を活用することができる！

4   知識を生み出す組織

(1)   場と実践共同体

　本章ではこれまで，個人の持つ知識を組織的に活用することの重要性や課題を述べてきましたが，本節では組織による知識の創造について学修します。組織による知識の創造とは，組織メンバーが相互作用することで新しい知識を生み出すことです。例えば新製品開発のためのプロジェクトチームでは，企業が提示する方針（例えば1年以内に新製品を開発せよという号令）のもとで，新しい知識を創造するためにさまざまな専門家たちが集まります。チームメンバーは議論を交わす中で，考えの違いから摩擦が生じるかもしれません。このような困難な状況を乗り切って，新しい製品やサービスを生みだすことができるのは，組織ならではかもしれません。

　市場が得意なこと（例えば競争原理が働くことで，適正な価格まで下がったり企業努力を引き出したりすることができる）と，**組織**が得意なこと（同じ組織の中で働くため，協働がスムーズであったり組織メンバーのお願いに柔軟に対応したりすることができる）がそれぞれ存在します（☞第1章，演習問題❸）。一般的には，新しい知識の創造は，市場より組織のほうが得意であると言えるでしょう。しかしながら，第10章で述べられるように，近年は組織の境界を越えたオープンイノベーションが活発に行われるようになっていますので，一概には言えません。少なくとも知識創造のプロセスで喧嘩別れのリスクが低いのは，市場より組織のほうでしょう。

　組織の中で知識を生み出す過程を明らかにしようとする研究者たちはさまざ

まな現象に名前をつけました。ここでは場と実践共同体の２つを紹介します。場は，わが国の研究者たちによって提唱されはじめた概念であり，海外では日本語読みの "Ba" として広く知られています。**場**はひとまずさまざまな関係者が交わるフィールドのような空間と捉えてください。例えば，先述の新製品開発プロジェクトチームのようなさまざまな分野の専門家たちが相互作用する舞台は典型的な場にあたります。

　実践共同体は徒弟制度をモデルとした概念で，文字通り何事かを実践する人たちが集まった共同体のことです。徒弟制度のもとでは親方を中心に，熟練者，中堅者，初心者たちが一緒に「仕事」をするとともに，仕事を通じた「学習」が行われていると考えます。学習が行われるというのがここで重要なポイントです。例えば製品設計の実践共同体では，初心者は先輩の手伝いを行い，やがて小さな部品の設計をさせてもらうようになり，いずれは製品全体の設計を任せられるまでに育つでしょう。実践共同体という言葉の根底には，「仕事」と「学習」は不可分なものであるという考え方があるのです。

　場と実践共同体の概念は混同されることがありますが，前者はさまざまな分野の専門家が相互作用することで新たな知識を創造するためのもの，後者は仕事を通じた学習を説明するものとして説明しました。そのように考えた場合，それぞれが補完関係にあるのですが，詳しい説明は次項で説明します。

⑵　二重編み組織

　二重編み組織とは，企業の通常業務を行うフォーマルな組織と，専門を同じくする人々で構成されたインフォーマルな組織の両方が折り重なっている組織のことを言います（図表9-2）。二重編み組織の中で働く人々は，両方の組織に所属することになります。

　例えば，ある企業が家電事業部と医療機器事業部を持っている場合，その企業で働く制御技術の専門化Ｘ氏は，家電事業部で制御部品の開発と生産に従事するとともに，（事業部を横断して）制御技術の専門家たちとの組織にも所属しています。家電事業部では，Ｘ氏は工業デザイナーや製造担当者，営業職従事者など多様な人々と協働し，新しい家電の開発，生産に従事しています。

図表 9-2　二重編み組織と学習サイクル

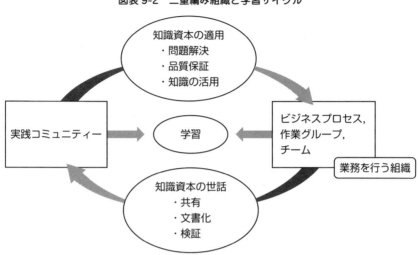

出所：Wenger et al.（2002），邦訳 53 ページを参考に筆者作成。

これは図表 9-2 右側の組織のメンバーとしての活動です。ちなみに事業部の機能は前項で紹介した「場」に近いと言えます。

　X 氏は家電事業部内には自分と同じ制御技術者はいませんので，技術に関する相談事は他の事業部で制御技術に携わる人間にもちかけるほかありません。制御技術者たちは人的つながりを形成し，その中で制御部品の開発について相談したり，新しい制御技術について教わったりします。この技術者コミュニティーは，図表 9-2 左側の実践共同体として捉えることができるでしょう。

　X 氏は事業部で生じた疑問を技術者コミュニティーで解決させ，事業部の仕事に反映させます。これは図表 9-2 の「知識資本の適用」のことです。そして事業部でよい成果を出せたら，その結果を技術者コミュニティーに持ち帰りメンバーで共有します。これは図表 9-2 の「知識資本の世話」のことです。X 氏は実践共同体で学習を行い，場で新しい知識の創造に貢献しているのです。

⑶　コア・リジディティの克服

　企業が知識をため込んでいくことが逆に組織が環境変化に適応する際には足

かせになったり，環境変化にすら気づけない事態を招いたりすることもあります。こうした現象を**コア・リジディティ**と呼びます。コアは中心，リジディティは硬直性という意味です。いわば，知識で頭がいっぱいになり，柔軟性を欠いてすぐに動けなくなったり，環境変化への適応（☞第7章，110ページ）が遅れてしまったりする現象を指します。

　コア・リジディティは，元はと言えば企業に蓄積された知識なのですから，本来，企業に競争優位をもたらすはずです。それは組織メンバーが保持するスキルや知識だけでなく，組織の中で構築された物理的システム（データベースや装置など）やマネジメントシステム，価値観や規範を含んでいます。すべてが密接に結びついており，年月が経つほどに強固なものとなっています。

　本来は組織の持つ能力で優位性をもたらすはずの情報や知識が，逆にコア・リジディティになってしまうのです。マネジメントの仕組みや制度などは比較的すぐに変えることができますが，最も難関は組織に染み付いた価値観や文化を変えることであるといわれています（☞第8章，130ページ；第12章，202ページ）。

⚷ キーポイント

　　組織が知識を創造するには，場や実践共同体などの手段がある。蓄積された
　　知識のみに頼っていては柔軟な環境適応ができなくなるので要注意！

---

 break time 9.2　ゲートキーパー

　組織メンバーの知識を共有することも重要ですが，新しい情報や知識を組織内部に投入することも重要です。組織の外部から組織の内部へ新しい情報や知識を伝達する役割を担っている人物を，門番の意味である「ゲートキーパー（gatekeeper）」と呼んでいます。

　研究開発組織を研究対象とした研究によると，ゲートキーパーの役割を担っている人たちは読書量が多く，高度な専門誌もよく読んでいました。研究所内外の人のつながり（コミュニケーション・ネットワーク）を調査・分析したところ，ゲートキーパーは組織外部の人間との接触が多く，また，組織内部の人間との接触も多いことが分かっています。また，ゲートキーパー同士のつなが

りが強いこと，したがってひとりのゲートキーパーが新しい情報を獲得すれば
ゲートキーパー間で迅速に共有され，またたく間に新しい情報は組織全体で共
有されていました。このようなゲートキーパーたちの存在は，新しい情報を組
織外部から組織内へ持ち込む組織の強みとなっていました。

5　情報技術の進化とともに変わる知識のマネジメント

　情報技術の発展により，人間が行っていた仕事をコンピュータが行う場面も
ますます増えると予想されます。人間の仕事が奪われる危機感にさいなまれる
かもしれませんが，情報技術は知識の活用の頼もしい味方になると期待されま
す。知識マネジメントの研究では，形式知はデータベース上で共有できるもの
の，暗黙知はフェイス・トゥ・フェイス（というコストのかかる方法）で共有
する方法しかないと考えられてきました。しかし近年のさまざまな技術，例え
ば VR（バーチャル・リアリティー）や AR（拡張現実）は，原始的な暗黙知
の共有方法を革新的に変えてくれる可能性を有する技術として期待されていま
す。

　情報や知識は企業の競争優位を生み出す重要な経営資源です。情報や知識の
マネジメントは今後も経営組織論の重要課題のひとつです。

◦━ キーポイント
　新しい技術は人間の仕事を奪う脅威ではなく，うまく活用することが重要！

🔲 演習問題

❶　本章で登場した「二重編み組織」とは何か，説明してください。
❷　ソニーが「小型化」の技術を活用して開発した製品をひとつ挙げてください。
　　思いつかない場合は，新聞記事またはソニー公式ホームページから情報を得てく
　　ださい。

❸　情報技術が急速に発展する中で，今まで人間がやっていた多くの仕事がコンピュータに代行されるようになるでしょう。IT や AI の導入が進んだとしても，人間にしかできない仕事は何でしょうか。あなたが思いつく具体例と，そのように考える理由を述べてください。

💡演習問題の出題意図と解答のヒントへGO ☞

PC からはこちら ☞ http://www.bunshin-do.co.jp/contents/5069/aim_ch9.html

---

📖📌 おすすめ文献

1 野中郁次郎（1990）『知識創造の経営—日本企業のエピステモロジー』日本経済新聞社。
　◆経営学における知識研究のきっかけとなった研究といって良いでしょう。組織論の系譜を整理し，その新たな展開として組織的知識創造理論を展開しています。

2 トーマス・H・ダベンポート，ローレンス・プルザック著，梅本勝博訳（2000）『ワーキング・ナレッジ—知を活かす経営』生産性出版）。
　◆企業内部から企業間関係まで，知識マネジメントについて幅広く解説しています。事例が豊富なため初学者にとっても分かりやすい一冊です。

3 ドロシー・レナード，ウォルター・スワップ著，池村千秋訳（2005）『「経験知」を伝える技術—ディープスマートの本質』ランダムハウス講談社。
　◆情報技術に頼りがちだった知識マネジメントの議論とは一線を画し，職場内で初心者が専門的な知識を学ぶ過程を丁寧に解説しています。

第10章
革新を起こす

《イノベーション》

★この章で学ぶこと ●●●●●●●●●●●●●●●●●●●●●●●●●●●●●●●

　組織を長期的に発展させようとすれば，第7章でみたような組織形態などのハードな構造や，第8章・第9章でみたような，目には見えないソフトな文化・知識などを活用しながら，新しいモノ・コトを創り出すことが必要になってきます。そうした組織活動にはどのような特徴が見られるのかをこの章「革新を起こす《イノベーション》」で学修します。

　組織が環境と相互作用をしながら生き残っていかないといけないわけですから，そのためには組織を適宜"革新"（イノベーション）していくことが必要になってくるわけです。ですので，イノベーションは組織が長期的に持続成長するためのおおもとであり，より良い社会を形成するためには不可欠な要素です。

　外部環境の変化が大きく不確実性の高い現代においては，イノベーションの役割もかつてなく高まってきています。すなわち，単なる技術革新に留まることなく，そこから社会全体を見据えて変革していくことを意味します。

　この章では，まず，イノベーションの必要性，生成過程，普及過程という基本的な事項を学びます。そのうえで，組織において，どのようにイノベーションを起こすのか，起こすための組織をどのようにデザインすればよいのかについて考えます。さらに，社会に新たな価値を提案して人々の生活に変化を与えるために，組織内外でどのように協働すればよいのかについて学びます。

🔍 **この章で学ぶキーワード**
　●イノベーション　●組織学習　●組織ルーチン
　●バウンダリー・スパニング　●オープンイノベーション

7　イノベーションとは

⑴　イノベーション（革新）とは

　日々至るところで使われる**イノベーション**という言葉ですが，皆さんはこの用語にどのようなイメージを持っているでしょうか。何となく技術が進歩しているようなイメージ，世の中が便利になった，明るく輝く未来のイメージなどさまざまな印象を持つことでしょう。

　また，このイノベーションという用語は使われ方も多様です。例えば，何と大阪のシンボル，通天閣にまで「社会イノベーション」という文字がネオンサインで浮かびあがります。あるいは，2020 年は第 32 回となるオリンピックが東京で開催されますが，1896 年の第 1 回オリンピック競技大会で，トーマス・バークがクラウチングスタートを使用して男子 100m 走で優勝しました。いわば「走法のイノベーション」が金メダルをもたらしたのです。…後者は企業広告でも使われていますから，ご覧になった皆さんもおられると思います。

　このようにさまざまな文脈で用いられるイノベーションですが，いちばん最初に使われたのは今から 100 年ほど前にさかのぼります。オーストリアの著名な経済学者シュンペーター（J. A. Schmpeter）という人が言い出した言葉です。彼は，イノベーションを，経済活動における生産手段や資源，労働力などをそれまでとは異なる方法で「新結合」することであると定義しました。…何やら難しく聞こえますが，要するに彼が言いたかったのは，「従来とは違ったやり方でいろんなものやコトをくっ付けてみよう，そうしたら何かが変わるかも」ということなんですね。

　日本では，イノベーションと言えば技術革新とイコールと思われがちですが，それだけではないのです。消費者の間でまだ知られていない新しいモノ・サービスの生産（プロダクション・イノベーション），新しい生産方針の導入（プロセス・イノベーション），新しい販路の開拓（マーケット・イノベーション），原料あるいは半製品の新しい供給源の獲得（サプライチェーン・イノ

ベーション），新しい組織の実現（オーガニゼーション・イノベーション）というふうに，その対象は多岐にわたります。こうして，さまざまな領域でイノベーションが実現すれば，私たちの社会には新たな常識，未来が創られていくことになるわけです。

　また，イノベーションの程度やレベルもいろいろあります。既存製品・サービスの性能向上を実現する持続的イノベーションから，新しい市場を創出する破壊的イノベーションまで，その程度は幅広いのです。

　近年では，より良い社会を築くための新しい価値の創造，社会との共通価値をつくるプロセスなど，イノベーションの対象も格段に広がりつつあります。これらすべてをひっくるめてイノベーションを端的に表現するなら，「資源，プロセス，習慣など，新しいと知覚され，新しい価値基準を生みだすあらゆるもの」と言えるでしょう。…抽象度が高くてわかりにくいですが，"これまでとは違う新しさ"という点がイノベーションという用語を使う際のキーになっているらしいことくらいは窺えるでしょう。

⑵　なぜイノベーションは必要なのか

　では，なぜイノベーションは必要とされるのでしょうか。それは，イノベーションは，組織が持続成長するためのおおもとになると考えられているからです。そして，現状よりも良い社会を形成していくためには，イノベーションが不可欠だと考えられているためです。

　第 1 章でみたように，協働を続けるために組織が必要です。企業も典型的な組織の一種ですから，協働をもとに存続しようとする存在です（☞ 2 ページ）。そのために企業はいろんなイノベーションに取り組むのです。

　歴史を振り返ると，企業や産業のレベルで，少なくとも 3 つのイノベーションブームが世界で巻き起こりました。最初は 1970 年代末から 80 年代初頭に世界的に起こった，情報技術革新をきっかけとした情報化時代の幕開けです（☞ 第 9 章，146 ページ）。例えば，日本国内にいるとあまり気にかけることはありませんが，海外に行けばトヨタ自動車が造った車の性能の高さは有名です。なんせ，滅多に故障しません。…これは，トヨタがイノベーションを不断に

続けた結果なのです。トヨタ以外でも日本の高品質製品はとても有名で，日本企業の製造プロセスのイノベーションが注目され，世界中で TQM（Total Quality Management：総合品質管理）が始まったのです。

　第2のイノベーションは，1980年代末の M&A（企業の合併等による再編）ブームによる事業再編時代です。そこではコンピュータなどのハードに加え，何と言ってもソフトウェアこそがイノベーションを支える活動として注目され，IT の戦略的価値のイノベーションが一気呵成に起こりました。とりわけ，新技術を有している他社を自社のもとに置きたい企業は，積極果敢に M&A を仕掛けたのです。一企業を超え，産業や社会レベルでイノベーションが起こったのがこの時期です。

　第3のイノベーションは1990年代のデジタルブームの時代です。外部環境の変化がますます速く，かつ大きなものとなり，多くの既存企業がビジネスモデルのイノベーションを追い求めるようになりました（ビジネスモデルとは，簡単に言えば，企業が利益を上げるための仕組みのいちばん基本的な法則のことです）。デジタル革新に伴い多くの技術的可能性が広がったので，企業も，根本的に利益を上げるための仕組みを見直し，革新しようとしたのです。

　そして IT バブル崩壊（2001年頃に崩壊したとされます）による景気後退期以降の近年になると，多くの大企業でモノやサービスがあまり売れなくなり，企業の成長速度が鈍化してきています。そこで，新たな価値を顧客や社会に提供できるよう，イノベーションを創り出すことが，企業にとっても社会にとっても，重要な課題と認識されるようになってきています。

　その鍵を握るのが2015年に国連サミットで採択された17のグローバル目標と169のターゲットからなる **SDGs**（Sustainable Development Goals：持続可能な開発目標）です。日本語でも最近はそのまま"エスディージーズ"と読んで通用するくらい有名な用語になっています。平たく言えば，「社会は，いつまでも各国が経済発展を目指し開発ばかり続けていると地球温暖化などの弊害もあるので，それに少しブレーキをかけ，貧富の差をできる限り抑え，私たち一人ひとりが社会的に生きていけるだけの開発をしていこう」という考え方，人間や地球全体を見据えた国連の行動計画指針が SDGs なのです。つまり，誰ひとり取り残さずにこの目標を達成するため，世界中の多様な組織が協

働し，共通価値を創出するイノベーションが求められているということです。

　昨今，Society5.0 という用語を耳にする機会も増えましたが，これは日本が提唱する未来社会のイメージです。そこでは，私たちの周りのあらゆるものが情報技術で結ばれる IoT（Internet of Things：物のインターネット）をベースにした未来社会の構想ですが，経済発展や開発だけではなく，人間社会や地球全体を視野に入れていることが大きな特徴です。それが証拠に，企業利益を擁護する立場にある経団連がこの Society5.0 を推奨しています。経団連によると，必要なモノ・サービスを，必要な人に，必要な時に，必要なだけ提供し，社会のさまざまなニーズにきめ細かに対応でき，あらゆる人が質の高いサービスを受けられ，年齢，性別，地域，言語といったさまざまな違いを乗り越え，活き活きと快適に暮らすことのできる社会を目指すとされているのです。この Society5.0 の考え方の中にも，先に見た SDGs と軌を一とする発想を読み取ることができるでしょう。

　このように，SDGs の達成に向けた社会との共通価値の創造が急務となっています。営利・非営利に関わらず，多様な形態の組織が，これらに応えるためにイノベーションを起こすことがより良い社会を形成していく基盤になると考えられているのです。要するに，ポイントは「人間は開発，発展，金儲けといったせせこましい視界ではダメで，皆が楽しく暮らせるよう，地球全体を見据え長期的に考えることが必要で，それが今日におけるイノベーションでは目指されている」ということになります。

　…皆さんがこれまで，イノベーションという語に対して何となく抱いていたイメージとは大きくかけ離れていることがわかったでしょう？

---

 break time 10.1
イノベーション＝新たな価値創造とはどういうこと？

　皆さんは，病院で MRI の検査を受けたことがあるでしょうか。大人でも緊張しますが，子供たちは怖くて 80％ が受診前に鎮静剤を打たなければならないという現実が以前まではありました。そこで，米ゼネラル・エレクトリック（GE）のエンジニアは，MRI 装置と検査室の壁に絵を描かせ，まるで海賊船の中のように仕上げ，子供たちが海賊たちに見つからないようにじっと隠れて

いるというアトラクションに変えることで，鎮静剤を打つ子供は10％にまで激減しました。また，受診効率が上がり，1日に検査できる子供の数が増え，病院の収益改善にも寄与しました。

　企業は，装置を改良するという方向でのイノベーションを進めがちですが，母親へのインタビューから得た「入退院を繰り返している子供たちは，外遊びをする機会を逸失している」という洞察からアイデアを得，子供たちへ新たな価値を創造したのです。イノベーションと言えば機械や技法を連想することが多いのですが，この例でみるように，イノベーションは人を起点として起こることもあるのです。

⊶ キーポイント

　イノベーションは，単なる技術革新やお金儲けではなく，よりよい社会を創っていくためのもの！

---

2 イノベーションの生成・普及プロセス

　イノベーションは，あるアイデアが客観的な視点で見て新しいかどうかということよりも，むしろ個人がそのアイデアを新しいと知覚するかどうかで決まります。つまり，元から存在していたモノやコトでも，個人的な主観や認知によって，イノベーションにつながる可能性があるということです。そして，生みだされたイノベーションは，より多くの人に受容され，組織や社会で広く取り入れられ，活用されなければ意味がありません。では，イノベーションはどのように生成し，普及していくのでしょうか。

　人は，イノベーションの存在を知ると，まず「そのイノベーションは知覚している課題を解決するのであろうか，どの程度の便益（メリット）があるのであろうか，どのような結果をもたらすのであろうか」といった情報探索活動をはじめます。その活動によって知識を獲得し，イノベーションの採用に伴う結果についての不確実性が減少すると，採用するかどうかの意思決定をします。

イノベーションが採択され使用されると，その効果についての評価情報を得ます。このように，イノベーションが生成していくプロセスは，人の情報探索活動と情報処理活動にほかなりません。人は，そのイノベーションにより，どんないいことがあるのか，もしよくないことがあるとすればそれはどんなことで，どうすればそのよくないことをできるだけ小さくできるのか，ということを考えようとします。

　では，イノベーションを社会に普及させるためには，どのようなプロセスが必要なのでしょうか。まず，イノベーションの存在とそれがある課題を解決できることについて，いろいろな経路（コミュニケーション・チャネルと言います）を通じて知ってもらう必要があります。このチャネルには，ネットやテレビなどのマスメディア，他者に対する対人チャネル，個人相互の双方向チャネルなどが含まれます。不特定多数にイノベーションに関する知識を伝達するためには，言わずもがな，マスメディアが有効です。しかし，個人にアイデアを受け入れさせるためには対人チャネルが効力を発揮します。皆さんの中にも，新しいアイデアを採用した知人から評価を聞き，自分もやってみようと思ったことがあるのではないでしょうか。

　ただ，これだけではまだイノベーションが“普及”したことにはなりません。単に自分以外にも少し広がっただけです。ですので，次に，より多くの人々にそれが伝播していくことが必要になります。時間の経過につれ，社会システムの成員の間に伝達されていかないといけないのです。ここで社会システムとは，共通の目的を達成するために，共同で課題の解決に従事している相互に関連のある成員の集合体のことです。この集合体は一組織内とは限りません。成員は，個人，非公式グループ，組織とさまざまな単位で構成されます。

　この社会システムにおいて，イノベーションを採用する早さと度合いを**革新性**と呼びます。革新性に基づき社会システムの成員は，①イノベータ，②アーリーアダプター（初期採用者），③アーリーマジョリティ（初期多数派），④レイトマジョリティ（後期多数派），⑤ラガードに分類されます。（ラガードは英語の laggards で，直訳は“遅れ”という意味です。）

　イノベーションが社会システムの成員によって採用される相対的な速さのことを**普及速度**と呼びます。最初はごく少数の成員（イノベータ）がイノベー

図表10-1　イノベーションのS字カーブ

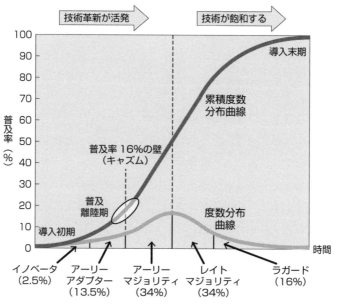

出所：Rogers（2003），邦訳229ページ，https://tech.nikkeibp.co.jp/dm/
article/COLUMN/20150310/408446/?ST=health を参考に筆者作成。

ションを採用するにすぎませんが，次第に多くの人が採用するようになり，そ
のうち速度が0に近づきます。この様子を，イノベーションを採用する人数を
時間軸に沿って累積的に図を描くとS字型の曲線になります（図表10-1）。た
だし，この普及曲線はイノベーションごとに形状が少しずつ異なるので注意が
必要です。

　イノベーションの普及の当然の帰結として，個人や社会システムにも変化が
生じます。この帰結が，予測されないことや望ましくないようなことが含まれ
る場合もありえるのですが，それを未然に防いだり，起こったらできる限り除
去したりしながら，社会にとって望ましい帰結であることを願って私たちはイ
ノベーションに取り組んでいるのです。

○━ **キーポイント**

　イノベーションは，新しいという個人的知覚が契機となり，段階を経ながら
社会へ普及していく！

3　イノベーションを生む組織

(1)　組織におけるイノベーション

　イノベーションは個人レベルやインフォーマルな集団レベルでも採用される
ことがありますが，多くの場合は組織レベル（ここでいう組織は企業組織をイ
メージしてください）で採用されます。また，組織が採用した後でないと，個
人は採用することができないようになっていることが多いのも事実です。つま
り，まずは企業が，会社全体としてイノベーションに着手し，従業員がそれを
使えるようになるのは後になってからということです。この節では，組織内の
イノベーションの過程を学修することにしましょう。

　組織におけるイノベーションの過程は，次の図表 10-2 に見るように，①議
題設定，②適合，③再定義・再構築，④明確化，⑤日常化という 5 つの段階か
ら構成され，①と②が開始段階，③から⑤までは導入段階に大別されます。開
始段階では情報を収集し，イノベーションの採用について計画します。この段
階は，組織の上層部が計画し，構想する段階です。いわば，まだ頭の中でいろ
いろ考えている段階です。次の導入段階において，開始段階で決めた構想を踏
まえ，イノベーションを実際にセットし始めます（この作業のことを実装と呼
ぶこともあります）。

　開始段階のうち，①「議題設定」段階は，組織が抱えている課題を明確に
し，イノベーションの必要性を知覚した段階です。この①は，どこの企業でも
絶えず進行しています。次の②「適合」段階では，イノベーションが本当に課
題解決につながるのか，実行が可能なのかについて評価し，課題と適合させよ
うとする段階です。この時点で，もし適合しないと判断されれば，以降の過程

図表 10-2　組織におけるイノベーション過程

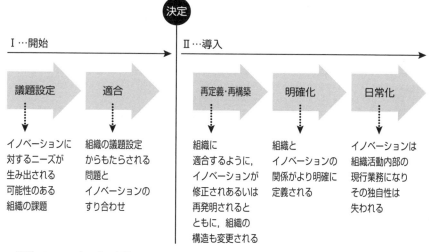

出所：Rogers（2003），邦訳 409 ページ。

を中止することももちろんありえます。…企業組織ではこうした実現性に関わる評価・判断は，皆さんが感じているよりもはるかにシビアです。

　導入段階に入り，「③再定義・再構築」段階では，イノベーションが組織のニーズと組織構造に適合するように修正されます。いわば，一般に広く通用する汎用的な可能性を，個々の企業組織のコンテキストに合うようにアレンジするのがこの段階です。「④明確化」段階に入ると，イノベーションが当該組織で広く利用されるようになり，組織の人々の間で語り合われるようになります。うまくいけば共通の理解が得られ，イノベーションの意味が明確に形づくられていくのがこの④の段階です。そして最後の「⑤日常化」段階では，文字通り，日々の企業組織の業務の中に組み込まれていくのです。

　このように，新しいアイデアが湧きあがり，合意形成がなされ，組織内で採択され，実行され，人々が利用し，初めてイノベーションが意味のあるものとなるのです。これら一連のプロセスにおいて，時間，経営資源，メンバーの熱意，行動力は必要不可欠ですが，これらの要素をすべて動員し，うまくいくようにすることは決して容易ではありません。全ての過程が円滑に滞りなく進んでいくように人づくり，組織づくりが重要になります。

⑵　イノベーション人材

　では，組織づくりにおいて不可欠な人材について，どのような人材を育成すればよいのでしょうか。イノベーションは，天才的な閃きから生まれる場合ももちろんありますが，実のところ，多くはイノベーションの機会に対する体系的でコツコツとした探究の結果としてイノベーションは生まれており，その意味では知覚的で分析的な作業がイノベーションには必要になります。

　したがって，イノベーションを生み出す人材に共通するものは個人の性格ではありません。また，創造性に富んだ特殊な人材だけがイノベーションを担うものでもありません。誰もが日常的・恒常的にイノベーションを生み出せるようになるためには，大きく2つの能力が求められています。

　まずひとつ目は，将来像を描きそこから現状の課題を深堀できるようなバックキャスティング思考です。ここでバックキャスティングとは，目標となるような状況を想定し，そこを起点として現在を振り返り，いま何をすべきかを思考する考え方で，未来から後ろ（バック）へ向けて現在を発想する思考法です。もうひとつは，課題解決のために異なる技術や人材をつなぎ合わせて新たな価値を生み出し，それを実現できる力です。異種結合能力と呼んでもいいでしょう。そのためには，知識と創意に加え，しっかりした目的意識を持つこと，その達成のために情熱と覚悟をもって忍耐強く行うことが何よりも大切になってきます。

　また，これらの力を醸成することを個々人の努力のみに委ねるのではなく，組織が意図して育てていくこと，一人ひとりの能力を合わせて組織全体を進化させようとすることが重要なのです。…これも言うのは易しいですが，ちゃんと行おうとすればとても難しいことは想像に難くありません。こうすれば必ずイノベーション人材が育成されるといった絶対的方法はないので，どこの組織も試行錯誤しながら人材育成を行っているのが実情です。

⑶　組織学習と組織文化

　では，こうしたイノベーション人材の育成ができたとして，あとどのように組織を進化させていけばよいのでしょうか。その鍵となるのは，**組織学習**です。企業組織レベルで体系的に学習を行うという意味です。では学習とは何なのでしょうか？

　学習は，すぐに問題解決を行うことを意味しません。つまり，学習とは，一定時間をかけて潜在的行動能力の変化を徐々に継続し，知識が定着していく作業を意味します。組織には，公式化され文書化された規則，職務記述書，マニュアル，組織メンバー間で共有されている文化や信念（☞第8章），それとなく皆が行っている慣わし（慣習），皆が知っている業務や製品などの知識，技術や技法，認知されている戦略などが存在します。これらのように，組織の行動に継続性や一貫性を与えるプログラムのことを**組織ルーチン**と呼びます。（ルーチンとは"日常よくやっている型どおりのこと"という意味の英語です）。組織学習とは，組織が知識を獲得・蓄積しながら，この型どおりの組織ルーチンを変化させていくプロセスを指します。個々人の学習が組織学習の基礎要素ではありますが，組織学習は決してその個々人の学習の総和ではありません。一人ひとりの異なる情報源からの知識獲得が，組織メンバー間で共有され（情報分配），共通の解釈が与えられ（情報解釈），新たな組織ルーチンが形成され（組織記憶），既存の組織ルーチンが更新されていくことが組織学習です。ですので，組織学習から得られる結果は，個々人の学習の総和よりも当然に大きくなるはずです。

　組織学習には大きく分けて2つの種類があります。ひとつ目は，**組織的探求**と呼ばれ，全く新しい知識，発想，アプローチの獲得を目指した知識創造（☞第9章，152ページ）です。これには，多様性，遊びや無駄を排除しない冗長性，未知の分野の開拓，リスクを恐れない態度などが必要となります。革新的技術や商品開発の新しいパラダイム（発想法）は，この組織的探求を通じた新しい知識の獲得から生まれます。

　2つ目は知識の**組織的活用**です。既知の技術や知識，ノウハウなどを組織メ

ンバー間で共有し，それらを連結させることで，既存のパラダイムの中での改善を生み出す学習のことです。組織的探究とは違い，既存の知見をうまく使って学習することが特徴です。

　組織的探求がよく行われる研究開発部門では，不確実性が高く，結果が出るまでに時間がかかるため評価が難しく，達成度に応じた成果報酬を求める制度はあまり望ましいとはいえません。短期的に成果を評価しようとする成果主義は，研究開発部門では特にマッチしません。むしろ，失敗を恐れず革新的なアイデアの創出に挑戦することを推奨するような文化と，それを正当に評価するインセンティブシステムが必要になります。他方，知識の組織的活用が行われる事業化部門では，あらゆる知識を動員して無駄を排除し，収益性を高める努力を必要とされますから，正確性や緻密さ，効率性が求められます。

　このように，イノベーションを生み，活用する組織を維持・進化するためには，相反する特性をもった人材や組織文化が必要となるため非常に難しく，それをうまくマネジメントしてやる必要があるのです。要は「無駄は排除しないといけないのだけれども，そればっかり言っていると独創的にならず，イノベーションが起こらない」というジレンマ的な状況にうまく対処できないといけないのです。

⑷　イノベーションのための組織デザイン

　では，その難しさを両立させながらイノベーションを起こす組織構造をどのようにデザインすればよいのでしょうか。

　第 2 章で組織構造を構成する基本原理を学びましたが，それらの要素と革新性（新しいアイデアを採用する速度と度合い）の関係について，いくつかの知見が明らかになっています。

　組織内の意思決定に関わる権限が少数のリーダーに集中していると（集中化），組織として考えるアイデアの範囲が限定されるので，革新性は低くなります。しかし，ひとたびイノベーションが採用されると，その導入を促進することが可能です。また，規則や手続きの煩雑さが強い（公式化の程度が高い）と，同様に革新性は低くなりますが，採用後の導入は促進されます。

　他方，組織内の個人や非公式グループが対人的なネットワークによって連携されている度合い（相互連携性）が高いと，アイデアが共有されて互いの意見を交換することに対する障壁が小さいので，革新性が高くなる傾向があります。また，特に用途が決められていない資源が組織内で利用可能である程度（組織スラック）が高いと，新しいアイデアの創出に割ける人員が多くなりますから，革新性が高くなります。

　以上をまとめると，**有機的組織**は，新しいアイデアを生みだし，その検証などに適した柔軟性があり，ボトムアップのイノベーション・プロセスを促進します。一方で，そのアイデアを効率的に活用するプロセスでは，**機械的構造**の方が適しています（☞第7章，113ページ）。

　では，具体的にどのような組織デザインにすればよいのでしょうか。ひとつの事例は**水平連携型組織**です。新製品のイノベーションを生み出していく組織を設計するには，まず，研究開発，マーケティング，生産の各部門の人材が専門性を発揮する（部門の専門化）必要があります。しかし，縦割りでは新しいアイデアはなかなか生まれてきません。専門家同士では同じ発想や考え方を持つ人が多いからです。なので，専門性を持つ人材が，研究開発担当者が専門家集団である学会に参加したり，マーケティング担当者が顧客からの情報と常に接したりするなど，外部の関連領域と卓越した連携を持つ必要があります。これを**バウンダリー・スパニング**と呼びます（バウンダリーは境界，スパニングは架橋するという程度の意味なので，境界をつなぐというニュアンスがあります）。さらに，各部門が常に情報やアイデアを共有することが重要です。研究開発担当者は新技術開発の情報をマーケティング担当者に伝えて顧客ニーズとを擦り合わせし，顧客の分析から必要数量を予測して，生産担当者と余計な在庫や不足がないような調整をするため，水平連携の構造をとるのです。

○━ キーポイント

　　組織におけるイノベーションは，段階に分けることができ，段階ごとに適切な組織構造，組織文化，人材は異なっている！

4　イノベーションの社会への拡張

⑴　オープンイノベーション

　前節では，組織内部におけるイノベーションの生成に焦点を当てて説明して
きました。でも，この組織イノベーションを社会へと伝播させるにはどうすれ
ばいいのでしょうか。

　ICT（Information and Communication Technology）の急速な発達やグロー
バルな競争の激化に伴い，産業界を取り巻く研究開発には，かつてないほど
のスピードが求められるようになりました。これまでは，新たなアイデアを生
み，実現するための基礎研究から製品開発までを自社内ですべて行う**クローズ
ドイノベーション**が通例でした。

　しかし，顧客ニーズが多様化し，製品ライフサイクルの短期化や，グローバ
ル化による競争構造の変化等に伴い，新製品に対する要求レベルはますます高
まり，この自社ですべて行う方法では限界があることがわかってきました。そ
こで，意図的かつ積極的に内部と外部の技術やアイデアなどの資源の流出入を
活用する**オープンイノベーション**に注目が集まり始めたのです。

　自動車を例に挙げると，自動車会社はこれまでガソリンエンジンとディーゼ
ルエンジンを主として自社内で製造販売をしていました。しかし，ハイブリッ
ド自動車や電気自動車，さらには自動運転などの技術も含まれた新しいタイプ
の自動車が次々と開発され，市場に投入されると，競争が激化し，求められる
レベルが急激に多様化，高度化しています。当然ながら，それに対応する新し
い材料や技術が必要となり，全てを自社で研究開発する体制を組むことは，資
金的にも時間的にも不可能に近いです。そこで，自らが持っていない技術を他
社や社会と協力しながら探し出す，または他社から提供される技術を活用する
（☞第 11 章，190 ページ）という考え方が生まれてきました。これがオープン
イノベーションという考え方です。いわば，外部に存在するアイデアを内部で
活用し，内部で活用されていないアイデアを外部で活用することによって，社

会全体で価値を創造していこうという考え方です。

(2)　オープンイノベーションにつながる組織

　オープンイノベーションを生む組織は，多様なメンバーで構成されているという特徴を有しています。知識の中身だけではなく，誰が何を知っているのかに関する知識（知識に関する知識という意味でメタ知識と呼びます）が創造性を高めることが明らかとなっています。したがって，メンバーが互いの専門知識や得意領域を“共有”できるしくみが必要です。ここで重要なのは，他者の持つ知識の中身まで詳しく知る必要はないということです。むしろ，メタ知識を活用して，その人をうまく協働することが鍵になってきます。

　また，組織的には，強い決定権限をもった専門部署を置いて，トップの意思決定権限をその専門部署へ委譲することも重要になってきます。先に見たように，イノベーションを起こさせるには，多様性や失敗を許容する風土の涵養も忘れてはなりません。

　OECD の調査報告書によると，近年，イノベーションとして取り組むテーマのうち，気候変動，高齢化社会，食糧危機など，一見すると一企業の金もうけとは無縁の社会課題が増加しています。これらの社会課題の解決に資するような社会的価値の創出を目指し，セクターや領域を超えて多種多様な主体が情報を共有し協働するための場が，昨今ますます重要になってきています。

☕ **break time 10.2　21 世紀に生まれたオープンイノベーション**

　「オープンイノベーション」が注目され始めたのは 21 世紀になってから，2003 年にハーバード大学のヘンリー・チェスブロウが *Open Innovation: The New Imperative for Creating and Profiting from Technology* を出版した頃からです。1990 年代後半，インテル，マイクロソフト，アップルなど，自社で研究開発をほとんど行わない企業からむしろ多くのイノベーションが生み出され，そのメカニズムが注目されるようになったことが背景となっています。

　チェスブロウは，従来型のイノベーションを「クローズドイノベーション」

と呼び，それとの対比においてオープンイノベーションの特徴を示しています。例えば，従来では，社内に優秀な人材を雇用し，その人材が研究開発から商品化まで自前で行うことが常識でしたが，オープンイノベーションでは，社内外に限らず優秀な人材と協働し，外部の研究開発によって価値を創造します。また，クローズドイノベーションでは，革新的な製品を最初に売り出し，業界内のアイデアを自社で数多く生み出せた者が優位になると考えらえていましたが，オープンイノベーションでは，製品より先に優れたビジネスモデルを構築すること，社内外でアイデアを創出し最も有効に活用できる者が優位性を獲得できるとされています。

　21 世紀も 20 年が経過し，オープンイノベーションの重要性はますます高まりつつあります。しかし，組織をオープンにすれば多様な結合が生まれるとは限りません。目的に対する理解や組織体制の構築，提携先との関係構築，戦略や技術の評価などといった諸課題をクリアすることで初めて，こうした多様な結合は意味をもって動き出します。また，社内外の知を集約するプロセスについても検討していかねばなりません。オープンイノベーションが円滑に機能するためには，こうした側面での組織マネジメントがますます重要となってくるのです。

　　出所：大前恵一朗訳『OPEN INNOVATION—ハーバード流イノベーション戦略のすべて』
　　産業能率大学出版部，2004 年。

○━ キーポイント

　近年，企業の内部と外部のアイデアを有機的に結合させ，価値を創造するオープンイノベーションが重要になってきている！

演習問題

❶　クローズドイノベーションとオープンイノベーションの違いについて，人材，組織の観点から比較してみましょう。企業はそれぞれのイノベーションで，どのような人材と組織を管理していけばいいでしょうか。

❷　イノベーションの過程において，採用が意思決定されるまでの段階と活用される段階では，適した人材や組織文化が異なります。そのため，企業はさまざまな組織構造を模索しています。これまで，企業組織では実際にどのような組織構造が試されてきたのかについて調べてみましょう。

❸　イノベーション人材となるため，大学時代にどのようなことをすればよいのか
について，議論してみましょう。

💡演習問題の出題意図と解答のヒントへGO ☞

PC からはこちら ☞ http://www.bunshin-do.co.jp/contents/5069/aim_ch10.html

---

📖🔖 おすすめ文献

1 エベレット・ロジャーズ著，三藤利雄訳（2007）『イノベーションの普及』翔泳社。
　　◆イノベーションはどのように伝播していくかという問いに対して，理論と事例を用いて明
　　確に説明されています。具体的事象から，プロセスの各段階で必要な基本的考えと対応が
　　理解できます。

2 クレイトン・クリステンセン，スコット・D・アンソニー，エリック・ロス著，櫻井祐
子訳（2014）『イノベーションの最終解』翔泳社。
　　◆新しい概念や理論的枠組みとそれらを活用して業界の未来を直感する方法が説明されてい
　　ます。教育，航空，半導体，医療，情報通信という異なる分野の事例が紹介されていて，
　　多様な業界での応用方法を理解できます。

3 ハーバード・ビジネス・レビュー編集部編，DIAMOND ハーバード・ビジネス・レ
ビュー編集部翻訳（2018）『イノベーションの教科書』ダイヤモンド社。
　　◆ハーバード・ビジネス・レビューに掲載されたイノベーション論から代表的な 10 報が掲載
　　されています。イノベーションの基本的な考え方，典型的なイノベーションのあり方，イ
　　ノベーションを阻害する要因などが理解できます。

第11章

他組織と協力する

《ネットワーク》

★この章で学ぶこと ●●●●●●●●●●●●●●●●●●●●●●●●●●●●●●●●

　本章では，組織と組織のつながりを意味する「組織間ネットワーク」について学んでいきます。組織が他の組織とつながるのは，ひとつの組織ではできないことを他の組織と協力して行うためです。前章までに学んできたように，組織が情報・知識といった経営資源をどんどん活用しイノベーションを起こしていくというのは，その典型です。そうすることで，組織はより大きく成長する機会を得ます。

　ただし，組織間ネットワークはどのような方法でも良いというわけではありません。組織がつながるための適切な方法があります。本章ではまず，個人間のネットワークの話から始めて，「つながる」というのが私たちの生活にどういった影響を与えているのかを考えていきましょう。そして，ネットワークの方法について学ぶとともに，それがどのような点で適切なのか，あるいはそうではないのかについて学んでいきます。

　その他にも，本章では，「流動化する組織」について学んでいきます。組織の中には固定化したものだけではなく，時には消えたり，新たに出来たりすることによって変化する組織があります。それは時間の変化とともに，絶えず生々流転しているものです。本章では，このような「流動化する組織」についても検討し，組織がつながることの意味を考えていきたいと思います。

🔍 **この章で学ぶキーワード**
- ●ネットワーク　●スモールワールド　●スケールフリー
- ●組織間ネットワーク　●戦略的提携　●テレワーク

7　ネットワークとは

(1)　人と人のつながり

　組織と組織のつながりについて考える前に，人と人とのつながりについて考えてみましょう。私たちは普段，友達，家族，先輩，後輩などのように，誰か他の人たちと一緒に生活しています。「私は一人暮らしをしているから」とか「今日は誰とも話をしていない」と思っている人でも，必ずすぐ近くには友達，家族，地域の人たちなどが一緒に生活しています。授業もそのひとつです。授業を学生一人で実施することはできず，先生や受講生が必ず一緒にいます。

　あるいは，間接的にはこの教科書を書いている私もそうですし，教科書を製作してくださった出版社の皆さん，それを販売している書店の皆さんも身近な生活者であると言えます。このように考えると，人は「一人ではできないことを他の人と一緒に行うため」に誰かと共に生活しており，その**協働**によってより大きな仕事を達成しようとしていると考えられます（☞第1章，2ページ）。

　そして，このような人と人とのつながりは**人的ネットワーク**（人間同士のネットワーク）と呼ばれています。企業が持つべき重要な経営資源は，**ヒト，モノ，カネ，情報**だと言われますが，ヒトのつながりを意味する人的ネットワークはそれらの4つの経営資源を生み出すとともに**付加価値**をつけることができます。皆さんが使っている携帯電話も，それを開発する人，生産する人，販売する人がいます。このように人的ネットワークは私たちの生活の身近にたくさん存在しているのです。

　また，最近では人的ネットワークだけではなく，**情報のネットワーク**も重要になっています（☞第9章）。先ほど挙げたヒト，モノ，カネ，情報は，**情報化**することによって，世の中の生活様式をガラリと変えつつあるからです。ヒトであれば，病院やコンビニで私たちの診察履歴や購入履歴が全て情報として管理されるなど，情報化しています。モノも，携帯電話のアプリのように情報

化しています。カネも，電子マネーや仮想通貨のように紙幣や貨幣ではなく数値だけで利用されるような情報化がなされています。このように情報化がなされる背景には，「(ヒト，モノ，カネのような実物は無くなりやすいが) 情報は何度も使っても擦り減らない」という**情報の多重利用可能性**が関係しています。

(2)　多くのつながりをもつ人たち

　もう一度，人的ネットワークに話を戻しましょう。人的ネットワークにはいくつかの規則性があります。ここでは，興味深い規則性として**スモールワールド** (small world) というものを取り上げてみたいと思います。スモールワールドとは，アメリカの心理学者であるミルグラムが 1967 年に行った実験がもとになっています。スモールワールドとは，その名の通り「小さな世界」という意味です。

　ミルグラムは，「全く知らない人に情報を届けるためには，一体何回知り合いをたどればいいのか」という問いの下，実験を行いました。この頃は今のように携帯電話もなくメールも送れませんから，目的となる人に対して手紙を送る必要がありました。何回か実験を行ったところ，いくつかは目的となる人物に届かずに終わってしまいましたが，実際に届いた手紙では平均して5〜6人の知り合いを介して届くことが分かりました。この結果の興味深いところは，100 人や 200 人というたくさんの人ではなく，手紙が5〜6人という非常に少ない人数で到達したということです。このような規則性を「世界は思ったよりも小さいね」という意味で，スモールワールドと呼びます。

　では，なぜ5〜6人の知り合いをたどれば，目的となる人物に到達できるのでしょうか。これには，近しい人間同士のつながりと，そうした人間関係の塊であるクラスターとが関係しています。例えば，5人の知り合いをたどるということは，自分→知り合い (1人目) →知り合い (2人目) →知り合い (3人目) →知り合い (4人目) →知り合い (5人目) ということですが，もし自分を含めた知り合いの人たちそれぞれに 100 人の知り合いがいたとすると，100 の5乗，つまり約 10 億人なので，かなりの人数をカバーできることが分かり

ます。このようにある程度の知り合いをたどっていけば目的となる人物に簡単
にアクセスできるということです。

　スモールワールドと並んでもうひとつの重要な考え方が**スケールフリー**で
す。スモールワールドで仮定していたのは，全員が同じくらいの知り合いを
持つというものでした。しかし，実際には 100 人の知り合いがいる人もいれ
ば，多い人で 500 人や 1000 人の知り合いがいる人もいます。このように，人
的ネットワークには一部に多くの人とつながっている人がおり，そういった人
が**ハブ**として重要な働きを担っているのです。

　何人以上の知り合いがいればその人はハブに該当するとは明確に決められて
いませんが，知り合いの人数が多い人はたくさんの人と接するため，たくさん
の情報を得る機会も多くなります。そのようなハブとなる人物の役割は，組
織内外において非常に重要で，情報をコントロールする役割も担っているので
す。図表 11-1 は，そのようなハブとなる人物とそれ以外の人物の関係を示し
たものになります。

図表 11-1　ハブを介したネットワーク

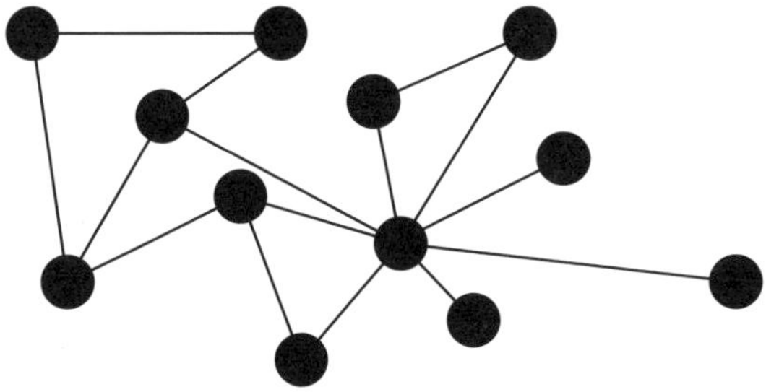

出所：筆者作成。

　このハブの考え方は人的ネットワーク（人間関係）だけではなく，あらゆる
分野に応用されています。例えば，空港や物流の分野です。空港でいえば，ひ
とつの空港との航路をもつ空港ではなく，たくさんの空港との航路をもつ空港
を**ハブ空港**と言います。ハブ空港がなければ多くの飛行機が他の空港に直接行
き来しなければなりませんが（図表 11-2 左側），ハブ空港があれば荷物の積み
込みや燃料の入れ直しがスムーズになり，大変便利になります（図表 11-2 右
側）。

図表 11-2　ハブ空港のイメージ（右側）

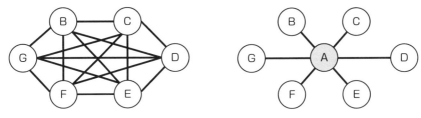

出所：筆者作成。

　また，物流の分野でも同じように物流拠点となる場所を作り，そこから配送を行うなどして物流にかかる**コスト**を減らすことができます。コンビニエンスストアでも，コンビニエンスストアの店舗の中心点に物流拠点を作ることによって荷物の配送スピードを早め，そして配送距離を小さくすることで迅速なサービスを可能としているのです。

⚷ キーポイント

　情報は人的ネットワークを介してあっという間に伝えられ，多くのつながりをもつ人はネットワークにおけるハブの役割を担っている！

 break time 11.1　ソーシャル・ネットワーキング・サービス

　私たちの生活に身近になりつつあるネットワークとして，ソーシャル・ネットワーキング・サービス（Social Networking Service；以下 SNS と略記。）があります。SNS は，誰でも，どこでも情報発信できる特徴がありますが，この SNS には次のような 2 つの分け方ができます。ひとつは，既存の人間関係を取りまとめるためのネットワークというものです。SNS で言えば Facebook が近いですが，この SNS では中学や高校の同級生と久しぶりに繋がることや実際に仲良くなった人と今後の情報交換のためにネット上で「友達」になっておくことに特徴があります。

　その一方で，SNS にはまだ会ったことのない人と繋がることができるものもあります。SNS で言うと Twitter に代表されるように，何らかの情報を発信した際にその情報に対して反応する人々と交流するものがあります。既にあ

る人間関係が基本となる場合には，安心できる SNS が利用しやすいですが，新しい出会いは生まれにくいです。その一方で，情報が基本となる場合には見知らぬ人との交流になるため多少のリスクのある SNS の利用になりがちですが，新たな出会いが生まれやすいと言えます。このように2つの分け方を理解することで，SNS のメリットとデメリットが見えてくるのです。

2　組織の中のネットワーク

(1)　組織の中で枝分かれする組織

　ここまで学んできたのは，個人のネットワークです。ここからは，組織のネットワークについてみていきましょう。組織のネットワークには，次のような2種類があります。ひとつは，**組織間ネットワーク**（組織と組織をつなぐネットワーク）です。これはひとつの組織が単独では出来ないことを違う組織と一緒に行うためのネットワークです。このネットワークについては，詳しくは次節で学んでいきます。

　もうひとつは，組織の中にあるネットワークです。本節ではこのネットワークについて学んでいきましょう。ここからは，組織の中でネットワークが必要とされる理由として，組織の中で枝分かれする組織について説明し，その後に組織の中にあるネットワークについて検討していくこととします。

　まず，組織について話を進めていきましょう（☞第1章）。組織にはいろいろなものがありますが，その際によく問題となるのは組織の大きさです。組織には，**中小企業**と呼ばれるように小さな組織から，**大企業**と呼ばれるような大きな組織に至るまでさまざまあります。特に大きな組織では，それが大きくなればなるほど，それをまとめることが難しくなってきます。これは，単に人数が多くなるという以上に，組織の中での偉さ（タテの関係），仕事の役割（ヨコの関係），自分の中心度（ウチとソトの関係）が関わっているからです。

　まず，偉さについてです。偉さは，経営学の中で**階層**と呼ばれており，自分

の上にどのくらい人がいるのかによって階層の関係が分かります（☞第 2 章，32 ページ）。この階層がうまく機能するのは，そこに**権限関係**があるからです。権限関係とは偉さの度合いであり，階層はこの度合いによって分けられています。このように組織には，タテの関係があることで命令や指示が通ったりするのです。

　次に，仕事の役割です（☞第 2 章，36 ページ）。企業においては，製造，営業，人事，会計のように仕事の役割に応じて誰がどこを担当するのかが分かれています。このような組織の中でのヨコの関係は，**職能**と呼ばれます。組織はこの職能があることによって情報のやり取りを可能としているのです。

　最後に，自分の中心度についてです。これは誰が中心的なメンバーであるのか否かを決定しているものです。同じ年齢の若手社員であっても，仕事に深く関わっている人かどうかは人によって違いがあります。このような中心度は，経営学の中で**内部者または中心性**と呼ばれており，ウチとソトに分けることで誰がどれだけその組織の中心的なメンバーかを決定しています。

　ここまで，組織が枝分かれする理由を 3 つの要因から考えてきました。この

図表 11-3　キャリア・コーン

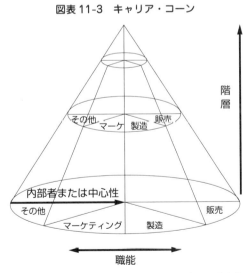

出所：Schein（1978），邦訳 41 ページを参考に筆者作成。

ような階層，職能，中心性は，実は組織の中で個人がどのように出世していくかという**キャリア**の視点から捉えられてきました。キャリアとは仕事上で自分が歩んでいく道筋のことを指しますが，キャリアの研究者であるエドガー・H・シャインは，この3つの視点を利用してキャリア・コーンという考え方を提唱しています（☞第8章，136ページ）。これによって枝分かれした組織の中で，今の自分がどこで働いているのかという位置を知ることができます。

(2)　いろいろな組織内ネットワーク

　大きな組織であればあるほど，小さな組織に分けることが必要になります。しかしながら，単に分けるだけでは不十分で，それらの小さな組織がまとまるようにつながりを持たせなければなりません。第2章ですでに説明されたように，一般的に，大きな仕事を分けることを**分業**と言います。分業することによって仕事はしやすくなりますが，単に分けるだけではまとまりがなくなってしまいます。そこで組織をまとめる人は，それらの分業された仕事を**調整**する作業を行います。この分業と調整を同時に行うことこそ，組織にとっては重要な仕事になるのです。

　本章で強調したいのは，こうした分業と調整が，個々の仕事だけではなく，組織自体についても同様に当てはまるということです。一度，大きな組織を分けたならば，それをまとめる作業が必要になります。そこで必要とされるのが，**組織内ネットワーク**です。階層，職能，中心性に応じて分かれた組織は，この組織内ネットワークをもとに調整することで，まとまりを生むことができます。以下では，組織内ネットワークにはどのようなものがあるかを，人的ネットワークと情報ネットワークに即して考えてみたいと思います。

　第1に，**プロジェクトチーム**です（☞第6章）。プロジェクトチームは，特定の目的を達成するために，メンバーが職能をまたいで集められ，タスクを遂行していくチームのことです。これをネットワークの視点から捉えると，組織内の人的ネットワークを活用したものであるということができます。

　メンバーは，特定のプロジェクトの下に結集しており，何らかの専門能力をもつ人々が多いです。組織内に張りめぐらされた人的ネットワークによって，

人的資源の高い専門性を活用されるのです。そして，メンバー間で情報を共有することで，質の良いコラボレーションを実現することが可能になります。このようにプロジェクトチームでは，実際に人々が顔を合わせ，対話しながらプロジェクトを行っていく点に特徴があります。

　第2に，**イントラネット**です。イントラ（intra-）とは，「内部の−」という意味です。プロジェクトチームは，実際に人々が顔を合わせなければならないという欠点もあります。つまり，いつもどこかで会うための時間と場所を作らなければならなくなります。イントラネットとは，そうした人的ネットワークの欠点を補う情報ネットワークのことであり，組織内にいる人々だけが閲覧することのできるネットワークのことです。その多くは，それぞれの人のパソコンから見ることができ，その中でメールのやり取りなどが可能になっています。

　イントラネットの良い点は，組織のどこに所属していても一定の情報を共有することができる点です（☞第9章，147ページ）。さらに，組織外にいる場合でもその組織のメンバーであれば閲覧することができるため，大変便利なツールになっています。また，セキュリティにも優れており，情報がネットワーク以外の外部に漏れることもなく安心して利用することが出来ます。

　第3に，**アプリケーション**です。最近では，情報ネットワークのひとつとしてアプリケーションが利用されることもあります。イントラネットが組織において公式的な情報ネットワークであるのに対して，アプリケーションは非公式な情報ネットワークになることもあります。アプリケーションを利用することは，堅苦しい挨拶などを無くして自由なコミュニケーションを促すことによって人々が仕事しやすい環境を作ることができます。

⚬━ キーポイント
　組織の中にはたくさんの小さな組織があり，それらの組織はネットワークでつながっている！

3　組織間のネットワーク

(1)　組織はなぜ協力するのか

　ここまでの話では，小さな組織がどのようにネットワークを通して協力しているのかを組織の内側の問題として考えてきました。ここからは組織の外側の問題として，組織と組織の関係について考えていきたいと思います。

　ところで，組織はなぜ他の組織と協力しなければならないのでしょうか。一見すると，組織は他の組織と協力しなくとも運営していくことができそうです。しかしながら，決してそうではありません。第1章でも少し触れましたが，個人と同じように，組織もひとつの組織では物事を成し遂げることがなかなか難しいのです。学校という組織でも，学校だけで運営が成り立つかと言えばそうではないはずです。学校を運営するには水道が必要だったり，建物が必要だったり，土地が必要だったりと，沢山のものが必要になっています。このように，学校もひとつの組織だけで存在できるように見えて，実は水道を引くための会社や建物を建てるための会社，土地を整備する会社など，さまざまな組織があってこそ存在できていることがわかります。

　以上から，組織が他の組織と協力するのは，ヒト，モノ，カネ，情報という経営資源が不足しているからだと言えます。組織は他の組織と協力し，組織間ネットワークを構築することで経営資源を充足させながら存在し続けていくのです。このように半永久的に持続する組織のことを**ゴーイング・コンサーン**と言います。組織は，ヒト，モノ，カネ，情報が入れ替わったとしても半永久的に持続しており，常に変化しながら形を変え続けているのです。

(2)　いろいろな組織間ネットワーク

　ここからは，いろいろな組織間ネットワークを紹介していきたいと思います。組織間ネットワークは単純に言えば組織と組織をつなぐネットワークで

すが，ここでは企業の間をつなぐネットワーク（すなわち，**企業間ネットワーク**）を具体的に見ていくことにしましょう。

　まず初めに確認したいのは，**企業グループ**（あるいは**企業集団**）です。どんな組織もその組織だけで存在しているのではありません。企業も同じです。企業もその企業だけで存在しているだけではなく，他の企業とグループを形成することによって日々経営活動を行っています。

　こうしたグループでは，同じような名前のついた企業によって，当該グループが形成されていることが多いです。例えば企業グループ A では，この企業グループ A に関連した名前のついた企業（A1, A2, A3, …）がたくさんあり，これらがひとつのまとまりを形成しています。

　企業グループを形成するメリットには，ヒト，モノ，カネ，情報をスムーズにやり取りできることが挙げられます。例えば，企業には**本社**（あるいは，**親会社**）と**子会社**という関係がありますが，子会社で人材が不足していた場合には本社から人材が出向き，現場での作業を助けることが可能になっています（これを**出向**もしくは**転籍**と呼びます）。このように企業グループを形成し，不足した資源をやり取りすることによって安定的な経営が可能になっているのです。

　2 番目に確認したいのは，**系列**です。系列は大企業が自社に有利な取引を行う場合に利用される組織間ネットワークのことです。企業グループでは同じような名前の企業が集まり，そこでヒト・モノ・カネ・情報がやり取りされています。これに対して，系列では大企業が自社製品を作るために部品を仕入れる企業と有利な関係を持つ，あるいは作られた自社製品を売るために販売に特化した企業と有利な関係を持つといったネットワーク関係が見られます。こうしたつながりによって，系列間では製造や販売に関して有利な関係を構築していくことが可能になるのです。

　ただし，最近では**脱系列化**と呼ばれ，このように有利な関係を構築することは控えられています。それは系列化することによって有利なのは大企業だけであるという問題があるからです。また，系列化することによって**技術革新（イノベーション）**が生まれにくいなどの問題も指摘されています（☞第 10 章）。

　第 3 の組織間ネットワークは，**戦略的提携**です。組織にはその組織を代表す

るような製品・サービスがありますが，その製品・サービスを単純に売るのでは限界があります。そうした状況では，新たな製品・サービスを開発することの他に，別の製品・サービスと結びつけることによってシナジー効果（相乗効果）を生み出すことができます。

　例えば，コンビニなどで品物を購入するとポイントを貯めることができますが，そのポイントを別のところで利用できます。これはコンビニを運営する企業と他の製品・サービスを提供する企業が戦略的提携を行っており，その結果として双方の顧客を引き込もうとしているのです。このように戦略的提携は，既存の製品・サービスをそのまま利用しながら，新たな顧客を取り込むことができるのです。

> **⊶ キーポイント**
>
> 　組織は自ら生き残っていくために，またもっと強くなるために，外部の組織とネットワークを形成する！

4　流動化する組織とネットワーク

(1)　テレワークと在宅勤務制度

　第2節の「組織の中のネットワーク」では，組織内にプロジェクトチーム，イントラネット，アプリケーションなど興味深いネットワークがあることを学びました。特にイントラネットやアプリケーションは，組織内のコミュニケーションだけではなく，組織外にいる人とのコミュニケーションをうまく行うためのツールになっています。このように組織外で仕事を行うことを**テレワーク**と呼びます。テレ（tele-）とは「遠くの−」という意味であり，ワーク（work）とは「仕事」を意味しています。つまり，組織から遠く離れた場所であっても仕事がうまくできるような仕組みが利用されつつあります。

　イントラネットやアプリケーションを利用することができれば，自宅にいな

がら仕事をすることができます。自宅で仕事をすることができれば，わざわざ出勤する必要もなくなり，その出勤時間も仕事をする時間にうまく利用できるようになります。このように自宅での仕事を推奨する制度として**在宅勤務制度**があります。子育てをしなければならない人，介護をしなければならない人，体に障害があり出勤しにくい人など，それぞれの働く人のニーズに応じて在宅での勤務を促すというものです。

　しかしながら，テレワークや在宅勤務制度が完璧なものであるかと言えば，そうではありません。実際に幾つかの問題点が指摘されています。第 1 に，仕事の管理がしにくいことです。職場に出勤をしていれば，誰がきちんと仕事をしているか一目で分かります。ですが，組織外（カフェや自宅など）であれば，きちんと仕事をしているかが分からなくなります。もしかすると，サボってしまっている人もいるかもしれません。このような問題を克服するためには，仕事の内容や成果の出し方などを変更することが求められます。

　第 2 に，コミュニケーションがうまく行われにくいことです。職場であれば，近くに仕事をしている人がいるので，そこでコミュニケーションを行うことができます。しかしながら，組織外であれば電話などに頼るしかなくなります。電話でも十分なコミュニケーションを図ることができそうですが，手が空いた時にしか電話することができないため，コミュニケーションはなかなか難しくなってしまいます。このような問題点を解決しながら，テレワークや在宅勤務制度が活用されるのが望ましいでしょう。

⑵　**職場空間のマネジメント**

　最近の組織では，興味深いネットワークの作り方がなされています。それは自分の固定席を無くし，組織内に置かれた席や机であれば自由にどこでも仕事をしてよいというものです。このような取り組みは，**フリーアドレス**と呼ばれ，働く人々がその時々に場所を変えて仕事が出来ることから，近くにいる人との新たなコミュニケーションが活性化されることが期待されてきました。

　このような取り組みがなされるようになった背景としては，固定席に対するデメリットが指摘されてきたことがあります。第 1 に，固定席は仕事上のス

ペースをたくさん使ってしまうことです。働く人々の中には，外で一日を過ごしてから職場に戻ってくる人たちもたくさんいます。その人たちに対して，他の人と同じように固定席を設けてしまうことは日中に使われない空間がかなり出来てしまうことを意味しています。このように固定席が利用されない状況を変えていくためにもフリーアドレスが有効になっているのです。

　第2に，コミュニケーションが行われにくくなることです。固定席であれば，自分の席の周りにいる人は毎日同じ人たちばかりになってしまいます。そうなると，新しい情報がやり取りされなくなり，コミュニケーションが行われにくくなります。これらの問題を克服するためにもフリーアドレスは有効であるとされてきました。

　ただし，いつでもどこでも自由に利用できるフリーアドレスでは，反対にコミュニケーションが生まれにくい場合もあります。例えば，誰にも聞かれたくないような秘密の情報を話さないといけない時に，開放的なスペースだと情報が漏れてしまいます。あるいは，黙って集中したい人と議論したい人が同じ机で作業している場合，そこで言い争いが起きてしてしまうこともあります。このようにフリーアドレスであることがかえって問題を生じさせてしまうこともあり，そのような問題を克服すべきでもあるのです。

　こうした問題に対して現在取り組まれているのが，フリーアドレスの自由さを残しつつあえて制約を設けた職場作りを行うことです。これは**アクティビティ・ベースド・ワーキング（ABW）**と呼ばれています。日本語に直すと，「活動ベースの職場作り」ですが，「静かにデスクワークを行う」や「会話しながら仕事の打ち合わせをする」など，人々の活動の目的に応じて最適な職場づくりをするというものです。このような職場づくりは，最先端の職場づくりとして注目を集めています。

⌒ー キーポイント
職場の中では固定席が決まっていないことが多く，ネットワークを駆使した自由な働き方が推奨されつつある！

break time 11.2　弱連結の強み

　この章では，主にヒト・モノ・カネ・情報のネットワークについて扱ってきました。このようなネットワークはいろいろなものの連結を示すものでしたが，一般的には「強い連結ほど，新たな価値ある情報を交換することができる」というように考えられていると思います。しかし，本当にそうでしょうか。アメリカの社会学者マーク・グラノヴェッターは，新しく鮮度の高い情報は，実は強い連結からではなく弱い連結によってもたらされるという研究結果を発表しました。

　これは，家族や親友といった日頃から多く接する機会のある人びとよりも，自分の「知り合いの知り合い」のように日頃接する機会の少ない人の方が自分にとって新しい情報を提供してくれるというものです。たしかに，仲の良い人ほど自分と似たような考えになりがちで，そこまで自分と仲が良いわけではない人の方が自分の知らない情報を持っている場合が多いのではないでしょうか。これをグラノヴェッターは，「弱連結の強み」という逆説的な表現で表しています。皆さんの周りでも，仲の良い親友や家族だけではなく，親友の友達，家族の家族（親戚）のような人から情報を得てみてはいかがでしょうか。

📖 演習問題

❶　組織内ネットワークと組織間ネットワークの違いについてまとめてみましょう。

❷　「ネットワーク組織」について調べ，どのような組織がネットワーク組織と呼ばれているのか，具体的な事例を調べてみましょう。

❸　一般的に，組織は他の組織とつながる方がいいといわれています。しかしながら，意図して他の組織とのつながりを拒否しているものもあります。それはなぜでしょうか。考えてみましょう。

💡演習問題の出題意図と解答のヒントへGO ☞

PC からはこちら ☞ http://www.bunshin-do.co.jp/contents/5069/aim_ch11.html

📖✒ おすすめ文献

1　若林直樹（2009）『ネットワーク組織：社会ネットワーク論からの新たな組織像』有斐閣。
　　◆社会ネットワーク論と呼ばれる理論と方法を用いて，組織とネットワークの関係を論じた良書。

2　金井壽宏（1994）『企業者ネットワーキングの世界：MIT とボストン近辺の企業者コミュニティの探求』白桃書房。
　　◆名立たる企業家を輩出しているボストンで，どのように彼らが情報を共有し合い，ネットワークを形成しているかについて，緻密なフィールドワークを実施した良書。

3　稲水伸行（2014）『流動化する組織の意思決定：エージェント・ベース・アプローチ』東京大学出版会。
　　◆個人の働き方を組織のワークプレイスのあり方に注目して議論した良書。

第12章

組織を変革する

《組織変革》

★この章で学ぶこと ●●●●●●●●●●●●●●●●●●●●●●●●●●●●●●●●●●

　多くの組織で常に重要なテーマとなっているのが組織変革です。全く変わる必要がない，という組織のほうがいまや極めて珍しいほどです。

　しかし，組織を変えることはそう簡単ではありません。組織は人の集まりなので，誰かが組織を変えようと思っても，ほかの人がそれに従わなかったり抵抗したりすれば，変わることができないからです。その意味で組織の変革は，名前や構造などの姿かたちを変えることのみでは達成できません。最終的には，その組織の中身であるメンバーおよび組織全体での考え方や行動パターンを変え，それらを定着させることが重要です。

　本章では以下の3つの着眼点から，組織変革の問題を考えていきます。その第1は，なぜ組織を変革することが必要となるのか，それと同時になぜ組織を変革することが難しいのか，ということです。第2は，組織の変革はどのようになされるのか，そこでは本質的に何が大事なのか，ということです。第3は組織を変えていく主役となるのは誰か，主役がだれになるかで変革のプロセスがどのように異なってくるかということです。

　一般に，組織変革は，かっちりとした構造や制度，決まりごとなどの枠組みが多い組織ほど難しくなります。数ある組織の中で，かっちりとした枠組みが決まっている組織は企業組織でしょう。したがって，本章では企業組織の変革の理論を基礎に学修します。

🔑 この章で学ぶキーワード

　　◉組織のライフサイクル　◉組織の慣性　◉学習棄却
　　◉ダブル・ループ学習　◉組織のパラダイム変革　◉組織開発

7 組織変革の必要性と難しさ

(1) 組織変革の引き金

　組織変革とは，現行の状態に変更をせまる組織内外の環境要因に適応するために，個人や集団，組織が望ましい状態に移行するプロセスとして定義されます。企業組織の場合，組織の外から変革を迫る要因として挙げられるのが，グローバル競争の激化，顧客ニーズの変化，人材の多様化，技術の変化などです。

　大学の部活動に置き換えてみるとどうでしょうか。例えば競技志向とエンジョイ志向の中間ぐらいのテニス部があったとします。同じ大学にテニスサークルができれば，そのサークルとの違いを明確にするために，テニス部のほうはより明確に競技志向にシフトすることが求められるかもしれません。そのシフトによって部活動の運営にもさまざまな変化が起こるでしょう。近隣の大学に競合が現れたら，そこに勝つためには練習の方法も変えたり，新しいコーチを迎えたりすることが必要になるかもしれません。伝統的に男子チームが強かったが，部員に女子が増えてきたので今後は女子チームの強化にも重点を置きたいとなれば，部にある資源の配分も異なってきます。昔の大学の部活動では，部室にあるノート（部誌）が連絡手段であり，部員は部室にきて連絡を確認するというのんびりしたやりとりがなされていました。現在はスマートフォンを持っている部員どうしでSNS（ソーシャルネットワークサービス）による連絡がふつうというふうに，コミュニケーションのあり方も変化しています。効率よい連絡ができるようになった反面，部員にはすばやいやり取りについていくことが求められているといえます。

(2) 組織のライフサイクルと変革

　組織が短期間にその活動を終えるのではなく，人の一生のように長期的に成

図表 12-1　組織の成長と危機

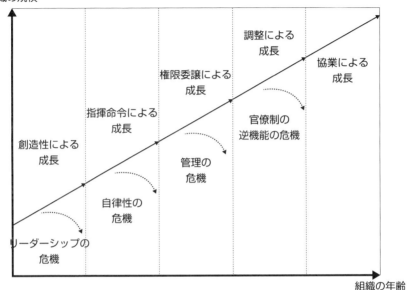

出所：Greiner（1972）を参考に筆者作成。

長（規模を拡大）しながらその活動を継続する存在として捉える考え方があります。そのようなプロセスを**組織のライフサイクル**と言います。ここでは図表12-1に示すとおり組織のライフサイクルを5段階とし，各段階の特徴と次の段階に進むための組織変革の課題をみていくことにしましょう。

　この図表12-1は，横軸に組織の年齢，縦軸に組織の規模がとってあります。つまり，時間の経過とともに組織規模が大きくなっていくことが示されています。そして，そのプロセスを5つに分割したのがこの図です。第1〜4段階までは，各段階に右下へ下がっていく点線の矢印が描かれていますが，これは成長を阻害する主な要因が書かれていると考えてください。では，段階ごとに説明しましょう。

①　創造性による成長とリーダーシップの危機

　第1段階では，企業家精神にあふれた創業者が強力なリーダーシップを発揮

し，非公式的で濃密なコミュニケーションをとることによって組織が成長します。部活動であれば創設メンバーの強烈なキャラクターで部組織が大きくなっていくのがこの段階です。しかし組織の成長とともに属人的なリーダーシップに限界が生じます。組織には創設メンバーがいなくなっても機能する効率的な運営や公式のコミュニケーション，またメンバーの貢献を引き出す仕組みの確立が求められます。

②　指揮命令による成長と自律性の危機

　第2段階では効率的に運営するためのさまざまな仕組みが確立し，一貫した指揮命令系統をつうじて課題が遂行され，組織が成長していきます。しかし組織内の多様性や複雑性が増すにつれて，トップダウンの指揮命令のみでは効率的な運営ができなくなっていきます。組織は適切な権限委譲を行い，メンバーが自分で考え，行動するように仕向けることが求められます。

③　権限委譲による成長と管理の危機

　第3段階では権限委譲によって組織のリーダーやメンバーが自律的に判断し業務を遂行することで組織が成長しますが，それぞれの判断に任せると組織全体では多様性が高まるため，管理者がコントロールできない事態が発生しえます。組織には分権的な組織と，組織全体での計画や手続きなどを両立する調整の仕組みを確立することが求められます。

④　調整による成長と官僚制の逆機能の危機

　組織における権限委譲とさまざまな活動の統合とを調整する仕組みを確立することによって，組織はさらに成長していきます。しかしながら大規模な組織が長期的に業務を継続すると，セクショナリズムが生じたり，活動の目的ではなく手段に過ぎなかった規則や手続きの遵守が目的化したりするなど，いわゆる官僚制の逆機能の問題が生じます。組織の硬直化を乗り越えるため機能横断的なチームを編成したり，リーダーの能力を高めたりするなどの施策が求められます。

⑤　協業による成長

　こうして，最も成長・成熟した組織は上述の官僚制の逆機能を克服し，各部署がセクショナリズムに陥ることなく，高度な協業を実現する段階に至ります。

(3)　組織の慣性とロック

　これまで述べたように，組織変革が何を引き金として必要となるのかという議論はほぼ体系化されています。しかし現実の変革は容易ではありません。その理由として，組織における慣性（変わろうとしない性質）の存在が挙げられます。多くの人は敢えて新しいことに取り組むよりも，これまで行ってきたことをそのとおりやるほうが楽なので，組織全体でも矛盾が生じにくいのです。このように，組織が自ら動きにくくなかなか変わろうとしない特性のことを**組織の慣性**と呼びます。組織の慣性は，新しいことに調整しようとしてもそれをロックし阻害するよう働きます（ロックとは鍵をかけてしまい，動かなくなることを表す用語です）。慣性のロックは図表12-2のように，慣性のロックはシステムロックとヒューマンロックの2つに分類されます。

　システムロックとは，組織内のシステムに由来するロックです。そのひとつは，例えば何らかの部分に（部活動であれば，練習メニューやスケジュール，エントリーする大会やそこでの目標，予算配分などにおいて）問題があってそれを変えようとしても，それは他の部分とも互いにつながっており，それら全体を変えることがむずかしいため，ロックがかかりやすいという問題です。もうひとつは，管理の仕組みや評価のあり方におけるロックです。一定の（例え

図表12-2　慣性のロック

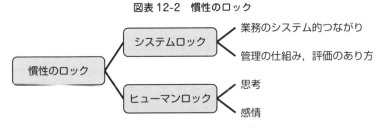

出所：伊丹・加護野（2003），430ページを参考に筆者作成。

ば，競技志向かエンジョイ志向かといった）仕組みのもとではわれわれはその仕組みがうまく動くよう，またある評価のやり方のもとではそのもとで最もよく評価されるような行動パターンを確立するため，ロックがかかるのです。

　ヒューマンロックとは，組織内の人間によるロックです。そのひとつは，思考のロックです。組織内の人の思考は，共有された枠組みや価値観・世界観（パラダイムと言います）のもとに成り立っており，そこから抜け出すことがむずかしいため，ロックがかかりやすくなります。またわれわれは，変化が必要な理由やそのメリットについて冷静で論理的な判断ができず，しばしば感情的な反応をしてしまい，それは多くの場合変化への抵抗につながりやすくなります。これを感情のロックと言います。

　極めて単純化して言えば，人間それ自体のロックがヒューマンロックで，それ以外はシステムロックということになります。要するに，組織を変えたいと思っても，組織の慣性が邪魔をしてなかなか変えられないということです。

> **○━ キーポイント**
>
> 　組織変革の引き金は組織内外に多く存在するが，組織の慣性が変革を妨げる！

2　組織変革の捉え方

(1)　変革を推進する8段階とそれぞれの落とし穴

　それでは，困難な組織変革をどのように実現していけばよいのでしょうか。コッター（J. Kotter）という学者は，簡単には実現しない変革をやり遂げるには，8段階のプロセスを経る必要があると同時に，それぞれの段階で陥りがちな落とし穴もあると指摘しています。この変革プロセスは，組織のライフサイクルモデルとは異なり，組織の規模拡大を所与とはせず，それよりも環境に合わせて生き残ることをゴールとしています。拡大志向でエンジョイ系と競技系

の入り混じっていた部組織が，サークルと差別化するために，一時的には少数精鋭となることがあっても，競技で勝つ楽しさややりがいを追求する方向にシフトするにはどうすればよいかといったイメージで理解できます。

① 危機意識を高める

　組織変革をスタートさせるための第1の落とし穴は，メンバーの現状満足を簡単に認めてしまうことです。これは目標の水準が低かったり，充分なフィードバックがなされていなかったりすることによります。これらの問題を除去し，変革の必要性を発信したり，挑戦的な目標を設定したりすることで危機意識を高めることが必要です。同じスポーツのサークルの出現によって競技志向へのシフトが求められるクラブの例では，このままではサークルと共倒れになってしまう，大会で結果を出して優秀な部員が集う組織に変えていく必要がある，といったメッセージを発信することが有効です。エンジョイ志向でいいじゃないか，とメンバーに思わせないことが大切です。

② 変革推進のための連帯チームを築く

　現実に変革を推進していくには，充分な権限（部活であれば編成，練習メニュー，資源配分などを変えていける権限）が与えられた推進チームを構築する必要があります。チームの権限が充分でないことが落とし穴となります。ポジションやパワー，専門知識などをバランスよく備えたチームが必要です。

③ ビジョンと戦略を生み出す

　ビジョンと戦略は，変革の方向性を示すことで意思決定を容易にし，人々の行動を促進し，まとめ上げるうえで必要不可欠です。この重要性を過小評価すると落とし穴に陥ります。

④ 変革のためのビジョンを周知徹底する

　策定されたビジョンは広く周知徹底されることが必要です。比喩や実例を用いて，さまざまな形で繰り返し伝えること，リーダーが率先垂範しつつ双方向のコミュニケーションをとることが重要です。メンバーに充分にビジョンを伝

えないことが落とし穴です。

⑤　従業員の自発をうながす

　ビジョンが伝わった後は，広範囲の人材が自発的に考え，行動することがうながされる必要があります。ビジョンの実現に立ちはだかる障害の発生を許してしまうことが落とし穴になります。このような障害を取り除き，メンバーの訓練やシステムの改変をすすめなければなりません。また抵抗勢力（部活の例でいうとエンジョイ志向派）と対決することも求められます。

⑥　短期的成果を実現する

　ここで紹介している変革の8段階モデルは長期的で大規模な組織変革を念頭においています。だからといって短期的に成果を挙げることを怠ってよいということにはなりません（これが落とし穴です）。目に見える成果（部活なら，競技で勝利を挙げていくこと）を短期間に実現することで変革を軌道に乗せることができるため，変革の方向に沿う形で具体的な成果を実現しなければなりません。

⑦　成果を活かして，さらなる変革を推進する

　変革に抵抗する勢力はしぶとく，常に地盤回復をねらっています。早急に勝利を宣言してしまうことは変革の推進力を低下させ，抵抗勢力に力を与える落とし穴となりかねません。システムロックのような複合的な仕組みにも手を入れ，変革を軌道に乗せることが重要となります。

⑧　新しい方法を組織文化に定着させる

　変革は組織文化のレベルにまで根付かせられなければなりません。これを怠ると表面のみの変革という落とし穴に陥ります。文化自体を変えることは極めて困難なので，変革の結果として文化が変容されるという流れであるべきであり，そのため文化の変容は最初ではなく最後の段階になります。

⑵　組織の学習と変革

　環境への長期的な適応のために，組織およびそのメンバーの行動を変えていくことを**組織学習**と言います。組織学習はイノベーションをするに当たって重要であることを学修しましたが（☞第 10 章，174 ページ），ここでは組織学習論が指摘する変革のための 2 つの重要な問題を紹介します。

①　学習棄却
　すでに古い水がいっぱい入ったコップに，さらに新しい水を入れることはできません。それと同じように，新しいことを学ぶためには，そのためにこれまで学んだこと，そこから得られたものを部分的に捨てなければなりません。これを**学習棄却**（アンラーニング）と言います。

②　シングル・ループ学習とダブル・ループ学習
　組織の変革にかかわる組織学習論のもうひとつの重要な枠組みは，2 種類の学習があるということです。アージリス（C. Argyris）によれば，そのうちのひとつは，既存の方針を維持・継続し，その目標を達成するための学習で，**シングル・ループ学習**と呼ばれます。もうひとつはシングル・ループ学習の前提となっている基本方針や目標そのものを見直そうとするプロセスとしての学習で，**ダブル・ループ学習**と呼ばれます。シングルは"1 つの"，ダブルは"二倍の"とか"二重の"とかいう意味を表す英語です。この 2 つの学習の関係は，図表 12-3 のように示されます。要するに，直接的な行動を見直すだけでなく，そのおおもととなる基本方針や目標にまでさかのぼって学習するのがダブル・ループ学習です。

　この学習の関係において生じうる問題は，シングル・ループ学習がダブル・ループ学習を阻害するケースがあるということです。シングル・ループ学習はこれまでの目標や手続きの枠内でより高い成果を挙げるためには有効に機能します。しかしそのためしばしば不文律を過度に遵守したり，実務の遂行を優先

図表 12-3　シングル・ループ学習とダブル・ループ学習

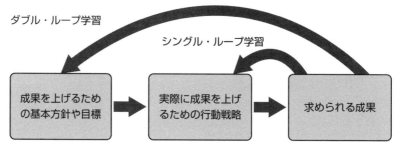

出所：DIAMOND ハーバード・ビジネス・レビュー編訳（2007），91 ページを参考に筆者
　　　作成。

した妥協が生じたりするので，目標やその実現の手続きそのものに問題はない
のか，という疑問が生じにくくなります。

　例えば，部活動がエンジョイ志向の場合，楽しさを前面に出した勧誘策や親
睦イベントを増やすなどの創意工夫はその目標達成に寄与します。しかし，そ
のような工夫のみに専心することは，そもそもこの部がエンジョイ志向でいい
のか，という根源的な問いを遠ざけてしまう，ということにもなりかねませ
ん。シングル・ループ学習は組織の持続的な成長のために必要な学習であり，
その見直しと変革に必要となるのがダブル・ループ学習なのです。その意味
では組織内外の環境から判断して，現在はどちらの学習に重点をおくべきなの
か，いつ学習棄却やダブル・ループ学習に踏み切るべきなのかという，より高
次の学習も必要となってきます。このようなメタレベルの学習のことを**二次的
学習**と言います。

 break time 12.1　不完全な組織学習

　マーチ（J. March）とオルセン（J. Olsen）は，組織学習を個人の行動→
組織の行動→環境の反応→個人の確信→…というサイクルで捉えられるとし，
このつながりが途切れるとき学習がうまくいかないと考えました（図表12-
6）。個人の行動が組織の行動に活かされないとき，それは(a)傍観者的学習と呼
ばれます。個人や組織が学習しているつもりでも，その行動が環境に影響を与

えないとき，それは(b)迷信的学習と呼ばれます。個人や組織の行動によって環境の変化が起こっている場合でも，なぜそうなるのかがよくわからないとき，それは(c)あいまい学習と呼ばれます。最後に，個人がこういうやり方がいいだろうと頭ではわかっているのにそれを行動に反映しないとき，それは(d)役割制約的学習と呼ばれます。これらの学習不全を避け，サイクルを健全にすることが学習および学習棄却を促進します。

図表 12-4　不完全な組織学習

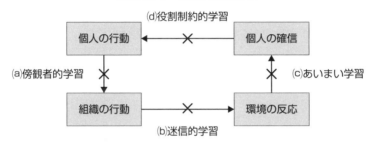

出所：March and Olsen（1976），邦訳 87-92 ページを参考に筆者作成。

○━ キーポイント

　　組織の変革にはステップバイステップで進めることと，これまで学んだことのうち不要な部分を捨て，既存の枠組みや方針そのものを問うような学びが必要！

3 組織変革の主体と変革プロセス

(1) 内部者主導の組織変革の主役たち

　誰が組織変革の主役になりうるのでしょうか。主役となりうる人は第 1 には，組織の中にいると考えられます。それでは，組織内の誰がどのような役割を担うのでしょうか。第 1 節でヒューマンロックの原因となるパラダイムの存

在を指摘しました。ここでは**パラダイム変革**のモデルを基に，パラダイムを誰がどのように変革していくかについて見ていきましょう。エンジョイ志向から競技志向にシフトする部組織であれば，トップを部長，コーチや顧問の先生，ミドルを競技で結果を挙げられる中堅ポジションの選手と考えればよいでしょう。

①　トップの役割

　トップの重要な役割は3つあります。第1に，コッターのモデルと同様に，このままではいけないという矛盾を組織内に作り出すことです。これをゆさぶりといいます。第2は，ミドルが新しいパラダイムに向けて結果を出し始めたら，それに呼応して新しい組織の方向性をビジョン（例えば，○○大会でベスト4クラスの実力をもつクラブにする！といった）にまとめあげていくことです。具体的な結果をビジョンにつなぎ，より現実的な方向性を示すことが重要です。最後に，パラダイムの変革がなされれば，それを内外にはっきりと示して，定着させる（新しいパラダイムを確立する）必要があるということです。

②　ミドルの役割

　他方で，変革のためにミドルにしかできないことがあります。第1に，新しい方向性にあった結果を出していくことです。テニス部の例では，まずは強いペア（ダブルスの場合）が創意工夫をしながら大会で勝っていくことが競技志向へのシフトに合致します。まず結果を挙げる人たちが出てこないと，次につながりません。これを突出と言います。

　さらに，この結果が連鎖を生んでいかなければなりません。「あのペアは結果を出した。自分たちも負けないように結果を出そう」というひとたちが続いていかなければならないのです。競技に勝つノウハウを共有するために，すでに勝ったペアのメンバーを新しいメンバーと一緒に練習したり組ませたり，といった手法も考えられます。このような一連のやり取りをつうじて，競技に勝つことは楽しいしやりがいのあることなのだ，という認識をメンバーに浸透させることができるのです。

　以上のプロセスは図表12-5のように示されます。パラダイム変革モデルは

図表 12-5　組織のパラダイム変革のプロセスとトップ，ミドルの役割

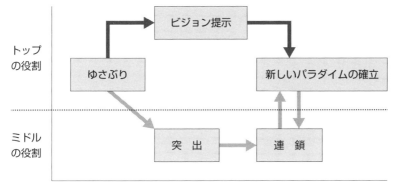

出所：伊丹・加護野（2003），463 ページを参考に筆者作成。

コッターによる変革の段階モデルとの共通性も見られますが，トップのみでもなく，ミドルのみでもなく，その役割分担と協働によって初めて成功に結びつくことがより明確に示されているといえます。トップでは変革の端緒では組織全体にゆさぶりをかけ，また組織のあらゆる人々が新しいパラダイムにつながる気づきを次々に得るようなビジョンを提示する必要があります。他方で，パラダイムを変えるためにいきなり組織レベルの運動をトップ主導で起こしても革新的なアイデアはなかなか生まれません。現場で小さな成功を先行させ，それを手本に連鎖を生む必要があります。そのためにはミドルによる創造性（部活なら，どうすれば勝てるのかという創意工夫）が必要なのです。

⑵　内部者・外部者の協働による変革

　前項⑴では，変わろうとしている組織の内部者が主導する変革プロセスについて見ましたが，変革の当事者ではなく，外部者または第三者的立場の内部者が組織の変革にかかわるアプローチもあります。変革の主役は最終的には内部者ですが，第三者（開発の実践者）がともにそれにたずさわり，助けることで達成するということです。このような手法は**組織開発**と呼ばれます。

　組織開発は一般に，組織の健全さ，有効性，自己革新力を高めるために，組

織を理解し，発展させ，変革していく，計画的で協働的な過程である，と定義
されます。個々の人材の知識や能力よりも，グループや組織全体といった範囲
でマネジメント上の効果を高めるような介入（働きかけ）のプロセスが組織開
発です。組織開発は，開発の実践者と組織の内部者が協力しながら計画的に進
められますが，大きく以下の2つのアプローチがあります。

①　診断型アプローチ

　第1のアプローチは診断型アプローチと呼ばれる組織開発の伝統的なアプ
ローチで，代表的には図表12-6に示すようなプロセス（ODマップと呼ばれ
ます）で行われます。まず，ODマップにしたがって組織開発を進めることに
ついて，実践者と内部者が合意します。次に主として実践者によって，組織の
問題に関する診断が行われます。ここでは，調査を通じてデータが集められ，
データの分析が行われます。分析の結果は内部者にフィードバックされます。
そこで問題が明らかになったら，実践者と内部者が協働してアクション（取り
組み）を計画し，計画されたアクションが実施されます。

　そして一定期間のアクションが実施された後，アクションの評価をする段階
に入ります。もし当初の予定通りの効果があった場合はプロジェクトが終結し
ますが，効果が得られなかった場合は，データ収集・フィードバック・アク
ション計画のいずれかに戻って，新たなアクションが模索されていきます。

図表12-6　診断型アプローチのプロセス（ODマップ）

段階	内容
1．エントリーと契約	内部者のニーズを把握し，進め方やお互いの役割を合意する。
2．データ収集	インタビュー，アセスメント，観察などでデータを収集する。
3．データ分析	データを整理・分析する。
4．フィードバック	データを内部者にフィードバックし，対話を通じて気づきを促進する。
5．アクション計画	変革のためのアクションを計画する。
6．アクション実施	アクションを実行する。
7．評価	合意された目的がどれくらい達成できたかを評価する。
8．終結	変革の目的が達成できた場合は終結する。

出所：Tschudy（2006）を参考に筆者作成。

② 対話型アプローチ

　組織開発に限らず，これまで学んだことを捨てたり，ものの見方や枠組みを変えていったりするプロセスは，組織変革に必要ではありますが，人にも組織にもまちがいなく大きな負担を強いるものです。組織開発の実践者と内部者がどんなに良好な関係を築いていても，第三者から「あなたのここがダメです」と言われて少しでも落ち込まない人はほとんどいないでしょう。現状否定や学習棄却が，それまで既存の枠組みのなかで最大の効果を挙げるような努力をしてきた個人や組織に対して「われわれの取り組んできたことはすべて無意味だったのか」と受け止められてしまえば，それらはかえって変革に必要なエネルギーを奪うものとなりかねません。またそのリスクは環境の変化が大きく激しくなり，変革が必要となる頻度が高まるにつれて大きくなってしまうでしょう。

　診断型アプローチは組織内の問題を解決すべき欠陥として捉えます。そのため客観的な現状把握が求められます。しかしながら今は組織の戦略やマネジメントのあり方について，絶対的にこれが正しいとか，こうすればまちがいないとかいう答えが結果につながるかどうかが見えにくい時代です。その答えが客観的に正しいかどうかよりも，組織の人々がもっともだと思えたり，納得がいったりするもので，みんなの貢献を引き出せるものかどうかが重要となる場合もあるのです。

　対話型アプローチはこのような時代の要請を受けて，1990 年代以降に生まれた新しい組織開発の手法です。診断型との大きな違いは，対話型では重要な組織開発の実践者による診断の段階を必ずしも必要としない点です。最初の段階から，主に内部者同士の対話をもちいるのが対話型の特徴です。また対話型は診断型とは異なり，存在する問題を欠陥ではなく，よりよい将来のための可能性や出発点として捉えます。みんながよいと思え，コミットできるような新しい視点や考え方を対話によって創出しようとするのが，このアプローチの考え方なのです。

break time 12.2　強みを活かす組織開発

　クーパーライダー（D. Cooperrider）らが提唱するアプリシエイティブ・インクワイアリー（appreciative inquiry：AI）は，対話型組織開発の代表的手法です。AI は個人や組織が持つ問題点よりも可能性を秘めた強みに焦点を当て，組織の活力の源を特定し，潜在力が充分に発揮された未来への行動を計画・実行していくアプローチです。

　AI は個人が個人や組織が取り組む課題を前向きな言葉で定義します。「問題点は何か，それにどう対処するか」ではなく，「どうすれば現状がよりよくなるか，理想に近づけるか」という問いかけを行うのです。そのうえで，これまで組織の人々が経験し，よりよい将来の実現につながりそうなエピソードを収集，共通点を抽出し（「発見」プロセス），それらのエピソードをもとに理想の将来像を内部者で共有します（「夢」プロセス）。将来像を具体化し，組織の活力が最大限に発揮されている状態を描写する宣言文を作成し（「デザイン」プロセス），宣言文の状態に近づくためのさまざまなアクションを提案，実行していきます（「運命」プロセス）。

　このように，AI では問題の原因探しをするのではなく，問題解決の専門家も登場しません。あくまで内部者どうしの対話を基に，上記の４つのプロセスからなるサイクルを繰り返して理想の状態に近づくことが重要であり，組織開発実践者の役割は診断や分析でなく，対話の促進や調整にあるのです。

⊶ キーポイント

　組織変革には内部者どうし，または内部者と第三者との役割分担や協働が必要！

📖 演習問題

❶　組織の規模拡大のための変革と，組織が生き残るための変革には，どのような共通点と相違点があるかまとめてみましょう。

❷　平成 30 年に「働き方改革」を推進するための関連法律が施行されましたが，それ以降多くの企業ではいまだ改革が実現していないようです。インターネットで事例を収集して，慣性のロックという視点から，その原因を整理してみましょう。

❸　あなたにとって身近で変革が求められているグループや組織はありますか。現状をまとめましょう。そのうえでどのような変革が有効か，本章の内容も参考にしてアクションプランを考えてみましょう。

💡 演習問題の出題意図と解答のヒントへGO ☞

PC からはこちら ☞ http://www.bunshin-do.co.jp/contents/5069/aim_ch12.html

📖 おすすめ文献

1 J・P・コッター著，梅津祐良訳（1996）『企業変革力』日経 BP。
　◆ 本章で紹介した変革の8段階モデルが示されています。変革のためのリーダーシップにも重点が置かれており，両者の関係がよく理解できます。

2 伊丹敬之・加護野忠男著（2003）『ゼミナール経営学入門［第3版］』日本経済新聞社。
　◆ 経営学全般の入門テキストですが，本章で紹介した慣性のロックやパラダイム変革について，わかりやすく解説されています。

3 川上憲人・守島基博・島津明人・北居明著（2014）『健康いきいき職場づくり：現場発組織変革のすすめ』生産性出版。
　◆ 精神保健学と経営学との学際的アプローチによる組織変革と組織開発の解説書です。実践性も高い良書です。

補章
経営組織論を学ぶ視点

《学問論》

★この章で学ぶこと ••••••••••••••••••••••••••••••••••••

　これまでの章では，経営組織論を初めて学ぶ学生の皆さんを念頭に置き，経営組織論で学ぶべき標準的コンテンツを解説してきました。いわば実際の組織現象の見方や分析の仕方について，その基本的な枠組みや視点を提供してきたわけです。本テキストの最終章となるこの補章では，現実の組織現象からはいったん距離を置き，学問領域としての経営組織論の位置づけと学修の視点，その役立て方についてみることにしましょう。

　経営組織論は，広く「経営学」の中の一領域です。ですので，経営組織論を学ぶにあたってもまずは経営学を学修する視点が必要となります。では，経営学とはどういった学問なのでしょうか。そのうえで，このテキストのこれまでの章で学修してきた経営組織論はどういった特徴を有しているでしょうか。また，経営組織論と関連する経営学の他の諸科目にはどういった領域があり，それらと経営組織論とはどのような違いがあるのでしょうか。そして，経営組織論を学修するとどんな利点があり，これからの皆さんの生活にどのように活かすことができるでしょうか。

　この補章ではこうした学問領域としての経営組織論のあり方とその役立ちについて学修します。

🔍 **この章で学ぶキーワード**
　●分析視点　●経営学　●経営組織論　●マクロ組織論　●ミクロ組織論

7 経営学はどんな学問か

(1) 外側から眺める

　経営組織論は，一般に「経営学」の一領域として位置づけられます。経営学の一領域ですから，当然に経営学的なものの見方や立ち位置（**分析視点**とか視座とか呼びます）で経営組織論も学修しなくてはなりません。

　通常，学生の皆さんはいろいろな学問領域を学ぶに際し，こうした分析視点を意識することはほぼないと思います。授業を受講する際にも，いきなりその授業の中身（コンテンツ）に触れ，このトピックスは面白いとか，抽象的で難しいとか感じている方が多いのではないでしょうか。

　しかし，分析視点を意識することで，その授業で取り上げられている点がなぜ重要なのかを知ることができます。たとえ中身そのものが難しくてよくわからない場合でも，分析視点さえわかれば，だいたいどのようなことを先生が言おうとしていて何がポイントなのかも何となく理解ができるようになります。実は大学で学修しようとする際に大切な姿勢は，いきなりコンテンツに飛びつくのではなく，まずはトピックスの外枠にあたる分析視点を知り，そこから学修する対象をぼんやり眺めてみること，外側にある別の対象にも目配りをし，それと学修対象との区別や違いを自分なりに考えながら，ゆったり観察してみることなのです。つまり，いきなり中身に入らず，外側からじわじわと攻めていくこと…この学びの手法を身に付けることで，大学での学修効果は何倍にも増すこと，請け合いです。

　以下ではまず経営学の学問的な特徴とその分析視点について簡単に触れ，その後，経営組織論特有の分析視点について見ていくことにしましょう。

(2) うまくいくこと，うまくやること

　経営学は，文字通り経営について学ぶ学問領域です。皆さんが経営と聞いて

真っ先に思い浮かべるのは企業の経営のことかも知れません。もちろん企業は経営学の重要な研究対象です。ただ，もし経営学の対象が企業だけでいいなら，何もことさら経営学と呼ばずとも企業学とでも呼べばいいはずです。…実は，経営学には企業以外にも重要な研究対象があります。

　経営という用語が，企業以外で使われる日常の例を考えてみてください。大学経営とか病院経営とか，あるいは球団経営とか都市経営とか，それ以外にもさまざまな局面で経営という用語が出てくることに気づくと思います。

　実は，**経営**という語は，このテキストでこれまで学修してきたような組織を対象として使われる概念なのです。企業も組織の一種です。組織の定義は第1章でみたように，複数の人々が協働して統一目的の実現を目指している場なわけですから，企業以外にも，皆さんの学んでいる大学や，官公庁，県や市のような自治体，病院，そしてスポーツのチーム等もみんな組織であるといえます（☞4ページ）。

　これら，さまざまに用いられる経営という概念が結果的に目指しているところは，経営して「いい方向」へと導き，その結果，当初の目的に照らして「うまくいくこと」です。企業（とりわけ民間企業，株式会社）が「うまくいっている」状態は，利益が出て，株主をはじめとする各種ステイクホルダーに貢献できている状態です。大学がうまくいっている状態とは，優れた研究成果を生み出してそれらの知見を学生に教授し，入学から卒業までの間に一社会人として成長させることです。病院なら，患者のけがや病気をきっちり直せている状況がうまくいっている状態でしょう。野球チームなどのスポーツ組織では，試合に勝つことがうまくいっている状態のはずです。

　したがって，ごく簡潔に経営学という学問領域を定義するならば，経営学とは「組織体がうまくいく仕組みを探る学問領域である」ということができるでしょう。

　ただしこの「うまくいく」には注意が必要です。なぜなら，誰からみても絶対的に（ないし客観的に）「うまくいく」状況を想定するのは難しいからです。企業組織は，ひとまず黒字を出して事業が継続できることが「うまくいく」状況であると考えて差し支えないのですが，本当にそれだけでよいかと問われると，必ずしもそれだけだとは言い切れないでしょう。

　例えば，製品がよく売れ，黒字が出て大儲けしている会社であっても，社員の労働条件が悪く，どんどん離職者がでているような会社は，株主にとってみれば黒字で高配当がつき「うまくいっている」と言えるかもしれませんが，働く人たちやこれから就職しようとする人たちからしてみれば，決して「うまくいっている」会社だとは評価できません。病院にしても，いくら治療成績が良くても，赤字続きで事業の継続それ自体が困難になってしまうようなら「うまくいっていない」ことになるはずです。

　こうした「皆で協働している組織がうまくいく」「目的を目指してうまくやる」ための方途やシステムを考えるという経営学の特徴は，経済学や法律学など他の**社会科学**の学問領域とはかなり様相を異にしています。

⑶　人と人のさまざまな関係

　社会科学とは何たるかを真剣に考えだすと難しいのですが，通常，社会科学の**社会**とは，人と人の間の関係を意味しています。人間という語は"人の間"と書くことからも窺えますが，人は生きていくうえで他者と実にさまざまな関係を結びながら日々の生活を送っています。

　例えば，人と人の間の関係を，おカネを介した関係として捉えることができます。こうした関係は，いわば貨幣を媒介にして人間関係をみようとしていて，**経済学**的なものの見方といえます。ここで「経済」とは，物質的な側面での豊かさだと考えるとわかり易いです。心理的な側面での「心の豊かさ」や満足は，物質的豊かさほど重要でないか，あるいは物質的豊かさを追求することが最終的に心の豊かさにつながるという暗黙の前提があるのが経済学的な見方であると考えてもいいでしょう。ですので，経済学では通常，社会のありとあらゆる事物や行為に数値で示される価値（価格）をつけ，その高低をベースにした議論が展開されます。

　あるいは，人と人の関係は，地位や権力を介して捉えることも可能で，こうした捉え方は**政治学**的な捉え方です。オフィシャルな地位や権力をよりどころにして，他者に対し（その相手がたとえイヤだと感じていても）パワーを行使して半ば強制的に自己の目的を完遂しようとする…こうした捉え方は政治学に

特有の分析視点です。

　また，社会において何が"良いこと"や"正しいこと"であり，どうすればこの良さや正しさを基準とした社会秩序が保たれるのかという観点から人間関係を捉えると，それは**法学**的な捉え方になります。法律は，行為主体の正当性（権利）と，当然しなければならない務め（義務）の体系であり，この権利や義務の関係を明確化することで社会秩序が成立するはずだという暗黙の前提が法学には存在しているのです。

　さらに，自分は彼のことを好きだとか，ヤツとは何となくウマが合わないとかいったような"好悪の情"を抱いた人間関係ももちろんあり，こうした捉え方で人間関係を捉えればそれは**心理学**的な捉え方になるわけです。

　いずれにせよ，ここで見た経済学や政治学，法学，心理学といったそれぞれの学問領域は，人と人との関係性を，こうしたある一定のパターンに沿って分析しようとする特徴を有しているといってもいいかも知れません。これらの各学問領域においては，それぞれの特定の関係性こそが社会を読み解くうえでの鍵となっていると暗黙裡に想定されているためです。

⑷　経営学における人と人の関係

　ただ，経営学が難しいのは，既述のように，組織を「いい方向」へと導いて全体として「うまくいく」ことを志向する学問だという点です。「うまくいく」ための分析は，ある特定の関係性のみに注目していたのでは十分とはいえません。なぜなら，特定の貨幣的関係や権力関係，権利・義務の関係といった各視点だけでは，そのそれぞれの観点からの分析は可能となったとしても，実際に「うまくいく」という結果に結びつくかどうかは別問題だからです。それぞれの観点からは潜在的に何らかの関係性が成立していたとしても，実際の結果には影響しない——したがって総じて「うまく」はいかない——ことも経営実践においては十分あり得ます。実際に「うまくいく」かどうかは，経営を実践する立場からの総合的な視点が必要になるということです。

　例えば，会社に入社して働く場合には雇用契約を結びますので，そこには法的な権利・義務の関係が発生します。また，上司が部下に仕事をさせる場合に

220

は，たとえ部下が気乗りがしなくても，ある意味，業務命令という強制力によって仕事に従事させるわけですから，そこには権力関係も存在しています。従業員は給与を会社から受け取りますから，労働の対価としての賃金を受け取るわけで，そこには明らかに経済的な関係性が成立しているとみるべきでしょう。組織で働くには個人のやる気（モチベーション）が重要になりますし，中には一緒に仕事をするうえでソリが合わず嫌いな同僚や上司も居るでしょう。このように考えれば，心理的関係性も「うまくいく」には欠かせない要素のはずです。

さらに，経営学にとっては人と人との関係である社会だけではなく，社会を取り巻く環境や自然界との関係もまた重要です。企業が工場で製品を造る場合をイメージしてみてください。モノづくりに携わる人たちは，いろいろな機械や技術を使いながら原材料を加工し，だんだん最終製品の形へと仕上げていきます。こうして人が自然に働きかけ，人にとって有用な製品を作り出すことが企業の生産活動の基本です。昨今では，工場が排出する廃棄物もうまく活用できるように循環型生産システムの仕組みも研究されており，こうした広く「人と自然の関わり合い」についても，経営学は検討対象にするのです。

このように，経営学では，ある特定の人間関係にとどまることなく多種多様な関係——自然との関係をも含むさまざまな関係——を考慮に入れたうえで学修しないといけません。このことこそが経営学固有のおもしろさであり，かつ難しい点でもあるのです。別の角度からいえば，人の織り成すさまざまな関係性を考慮に入れつつ，目標の実現へ向けていろいろとやりくりしながら，総合的・全般的に「うまくいく」結果を導くために「うまくやる」ための学問が経営学であるといえるでしょう。

O→ キーポイント

人の織り成すさまざまな関係を考慮し，「うまくいく」結果を目指すのが経営学！

2　経営組織論の位置づけ

(1)　経営のプロセス

　人の織り成す多種多様な関係を鑑みつつ，「うまくいく」ことを目指すのが経営学であることを学修しましたが，では，実際に「うまくいく」ために，組織トップは具体的にどんなことをしなければならないでしょうか。

　企業経営者のような組織トップの行為を時系列的にプロセスで追って考えてみると，まずは社会における企業の役割や経営のあり方といった**制度**について，その深層から理解することが必要です。私企業であれば，株式会社という会社形態やガバナンスの仕組みといった経済社会の基本ルールをまずは学ばなければなりません。

　次に，こうした基本ルールを前提としたうえで，経営者は社会に対してどういう貢献をしたいかを経営理念として明示し，その理念に沿った**戦略**を立てる必要があります。5～10年先まで見通した中長期経営計画を立て，そこからさかのぼる形で年度ごとの目標を売上高や利益等の数値で具体的に定めます。基本ルールは守りながら利益を最大化しようとするのが企業という組織のありようです。

　次にその戦略を実行するための**組織**作りが必要になります。これが本テキストのこれまでの各章で学修してきた内容です。第2章でみたように，従業員間の業務分担と調整の仕組みを定めた組織構造を作ることから始まり，意思決定の仕組みを整備したり，従業員がきちんと仕事ができるように職場環境を整備したりといった一連の組織活動が必要となるのです。

　組織で業務ができる枠組みが整えば，実際に組織で働く**人**を動かして，立てた目標の達成へ向けて努力しないといけません。戦略に合致した人材を雇用し，仕事ができるよう教育訓練を施さなければなりません。経営者は，従業員の仕事の対価として賃金を支払わなければなりませんし，仕事がよくできる有能な従業員には昇進の機会を準備することも必要になるでしょう。

　企業以外の組織でも同様です。高校野球の野球部であれば，監督や部長はまずは野球というゲームのルールを熟知し，また部員にもそれらを理解するよう指導しなければなりません。一つひとつの試合に勝つための戦略を立て，そのためのチーム作り，例えば打順を考えたり，各守備を誰に担当させるかといったようなことを考えたりしなくてはなりません。さらに，練習を通じて選手たちを動かし，試合に勝てるよう強いチーム作りをしていかなければならないはずです。

　このように「制度を知り，戦略を立て，組織を作り，人を動かす」という一連のサイクルを回していくことが，経営という行為の具体的プロセスであるわけです。こうした経営のプロセスを見てみると，経営組織のあり方は，先行する経営諸制度や戦略に規定されて決まってくるし，かつ直後にくる「人を動かす」うえでの土台となるのが組織だということが窺えるでしょう。

　なお，こうした一連のプロセスにおける組織の位置づけは，このテキストのこれまでの各章の流れにおいても確認できるはずです。例えば，第Ⅰ部「組織をつくる」の冒頭第2章で組織づくりの基礎となる組織構造の設計について学修しました。いわば，最初に組織という“箱”をまず準備したことになります（☞ 22 ページ）。

　その後，準備した組織という場を前提として，そこでいかに物事を決めていくかのルールを決め（第3章），働く人たちのやる気を高めたり（第4章），リーダーとの関係を考えたり（第5章），チームで仕事をする場合のことを考えたり（第6章）といった，「人を動かす」うえでの基本を学修しました。こうして「組織を作り，人を動かす」の基本的な流れを理解したのち，（順序としては逆になりますが）実はそうした組織活動は，より上位にある戦略によって決まってくるのだということを，部を変え第Ⅱ部「組織を発展させる」の冒頭第7章で学修したわけです（☞ 113 ページ）。

　いずれにしても，制度を理解し「うまくいく」ための戦略を立てたうえでそのための組織をつくり，人々を動員しながら組織目標の達成へ向けて業務を行うという，一連のプロセスの流れの中で経営組織という場を捉えようとする視点が必要になるということです。

⑵　経営組織論の関連科目

　このように経営のプロセスを確認すると，経営組織論と関連する学問領域が自ずと明らかになります。

　組織づくりに先行する「制度を知り，戦略を立て」の箇所について学ぶ**経営制度論**や**経営戦略論**は，経営組織論を学修する上で非常に関連の深い領域です。経営制度論は，授業科目名としては企業形態論や株式会社論，近年では企業論という名称の科目として開講されることも多いです。公益企業論やNPO（非営利組織）論なども，広く経営制度のあり方について学修する科目といっていいでしょう。経営戦略論は，会社全体の戦略のありようについて学ぶ企業戦略論や，会社の各事業で他社との競争に勝つことについて学ぶ競争戦略論などに分けて開講されている場合もあります。

　プロセスとして組織づくりの後に続く「人を動かす」の部分を学ぶ**人的資源管理論**も，経営組織論とは切っても切り離せない，表裏一体となる科目です。人的資源管理論は，人の管理という意味で，労務管理論や人事管理論といった伝統的な呼称で開講されている場合もあります。

　また，**経営管理論**は，その呼称からして本来は人以外の経営資源（モノやカネ，情報など）の管理も扱うはずですが，多くは人や組織の管理を中心とした内容で組み立てられています。したがって，経営管理論も，経営組織論と非常に関連性の高い科目ということになります。

　既述のように，人が自然に働きかける側面を扱う**生産管理論**もモノづくりの組織，例えば工場の作業現場のあり方を考えるうえで伝統的に重要な科目です。生産管理論は，伝統的には工業経営論や研究開発管理論，昨今では技術管理論や技術経営論，MOT（Management of Technology）論とかテクノロジーマネジメント論といった名称で呼ばれていることもあります。

　さらに，経営組織論は人々が集まってひとつの目的のために協働する場について検討する領域ですから，他者と一緒に何事かを成し遂げようとすることに注目しようとする学問領域であれば，どんな領域であっても関連が深く，その意味で優れて学際的な領域であるといえるでしょう。したがって，経営学以外

にも，社会学や心理学，政治学，最近ではさらに看護学などにも経営組織論の一部知見が援用されています。

○― キーポイント

　「制度，戦略，組織，人」の一連のプロセスの中で組織活動を捉えてみよう！

---

❸ 経営組織論のコンテンツ

(1) 学術的な分類法

　前節で経営組織論の外枠にあたる分析視点は概ね理解できたはずなので，この節では経営組織論のコンテンツについて概観してみることにしましょう。

　これまでこのテキストでは，経営学の初学者を念頭に置き，まず組織とは何かを第1章で説明したのち，組織を作る基本を第Ⅰ部（☞19ページ）で，そして環境変化に応じて作った組織のありようを見直し，よりよい組織へと発展させる手法について第Ⅱ部（☞107ページ）で，それぞれ説明してきました。こうした順序での説明の仕方が，初学者にとって経験的に最も理解しやすいと思われるためです。

　ただ，学術的には別の視点からの分類も可能です。経営組織論の学術的な分類法として最もポピュラーなのが，組織の全体構造を中心にみようとするマクロ組織論と，組織における人間の思考や行動を中心にみようとするミクロ組織論，という分け方です。ここにマクロとは巨視的と訳され，大きく大局的な視点を，またミクロは微視的と訳され，細かく小さな視点を，それぞれ意味しています。経営学ではたいてい，組織における一人ひとりの個人を基本視点として見る場合をミクロ，それより広い視点から見る場合をマクロと表現します。

⑵　組織全体を捉える

　マクロ組織論は組織理論（organization theory）とも呼ばれ，人々が活動する場としての組織の全体構造やその設計を問題にします。例えば，「この組織ではどのような組織構造を設計すれば組織目標を達成できるか」といったような問題を取り扱うことになります。このテキストでは，第2章「組織の基礎をつくる《組織構造》」や第7章「組織の形を変える《組織形態》」等で学修しました。

　第2章でみたように，M・ウェーバーは，工業化された世界での究極の組織構造を官僚制と称し，高度な階層制に基づく管理や作業の専門分化，業務に就く人の個性によって結果に影響が現れないようにする没人格性，明文化された規則による管理，業績に基づいた昇進といった体制を整備することで，組織は高度の効率を実現することができると説きました（☞31ページ）。

　また第7章で学修したように，職能別組織は指揮命令系統が直線的に貫いており，研究開発・技術・生産・販売などの職能ごとに部門化した組織です。複数事業を営む大きな組織になるにつれ，独立性・自律性の高い事業部を構成単位とした事業部制組織へと移行し，事業部の中に各職能が存在しているような組織形態となるわけです（☞119ページ）。

　このように，マクロ組織論では，組織の構造的側面や各種の組織制度など，人間そのものではなく，ある意味で個人を離れた，個人の外側の存在が組織活動に影響を与えるという視点がとられていることが窺えるでしょう。

⑶　人の心理や行動から捉える

　これに対し，**ミクロ組織論**では人の思考や行動にダイレクトに着眼します。学界ではミクロ組織論のことを組織行動論（organizational behavior）とも呼ぶことも多いです。組織行動とは，組織が行動するのではなく，「組織における人間の行動」の約まった表現であることに留意してください。

　ミクロ組織論では，組織における人間行動は，その個人のやる気に大きく依

存すると考えられています。したがって，モチベーションが組織行動を考察するうえで重要な要素となってきます。また，上司と部下の関係も組織行動に影響を与えるのでリーダーシップも重要です。長期にわたり組織活動に没頭してもらうにはコミットメントも重要になるでしょう。したがって，組織目標を達成する上で，どのように個人や集団に働きかければよいかという問題を取り扱うのがこのミクロ組織論であると考えていいでしょう。

例えば，第 4 章や第 5 章で学修したように，仕事をするうえで明確に目標が設定されていると人は動機づけられます（☞ 67-68 ページ）。また，仕事の内容それ自体がおもしろくやりがいのあるものであれば，やる気は断然上がります（☞ 62，65 ページ）。リーダーの接し方によってもやる気は大きく変動しますし，所属組織のファンになれば，リーダーが何も指示しなくても自ずと業務にコミットできるような場合も想定できるわけです（☞ 69 ページ）。

いずれにしても，ミクロ組織論の大前提は，組織の構成メンバーそれぞれの考え方やそれをベースにした組織行動が，組織活動を左右する大きな要因となっているということです。

(4)　組織行動を規定する要因

ここまでの説明を読んで，ではいったい，組織における人間行動は構造や制度といったマクロ的な要因によってか，あるいは個々人の内面にあるやる気などの心理状態によってか，いずれに規定されているのだろうと疑問に感じる読者も多いと思います。

実は，当たり前のことですが，組織における人間行動は，マクロ・ミクロのいずれの要因によっても規定されています。ごく簡単な例を考えてみましょう。皆さんが受講している経営組織論の授業が午前の第 1 限目に開講されているとします。「今日は疲れているし，朝早い時間帯に授業に出席するのはしんどいので今日は大学に行くのはやめておこう」と考え，授業に欠席する人も居るでしょう。この例では，明らかに，心理的な側面が行動に影響を与えています。

逆に，朝一の授業は眠くてしんどいけれど，授業開始時刻に間に合うよう，真面目に大学に来る皆さんもたくさん居るはずです。授業の開始時刻は大学の

規則・制度で決められていますから，この後者のタイプの行動は，むしろ制度的な要因によって組織行動が規定されていることが窺えます。あるいは，個々人の内面である心理的側面と外側にある制度・構造的側面とが相互に影響し合って，実際の行動を決めていると表現できるかも知れません。こうした人間行動が内面・外面双方によって規定され決まっているような事例は，他にもたくさん想定できるでしょう。

　要するに，組織における人間行動をきっちり解明しようとすれば，いずれか一方だけからの説明では十分ではなく，個々人の内面と，その外側の双方をつぶさに観察・分析する必要があるということです。

⑸　マクロ視点の利点，ミクロ視点の利点

　ただ，マクロ・ミクロの各分析視点には，それぞれ得手と不得手があることを知っておいた方がいいでしょう。例えば，組織現象を捉え，「なぜこのような現象が生じているのか」について論理的に詰めて考えようとする場合には，個々人を基点にするよりもより客観的に存在しうる事物の側から（即ち，構造や制度という側面から）説明しようとするマクロの視点の方が，概ね説得力を持った議論を展開しやすいはずです。構造を前提とし，「こうした構造があるからこのような組織現象が生じた」といった説明がしやすいためです。論理的説明をする際に，外側の分析が一切なく，個人の心理や思考のみに落としどころを持ってくるのは些か説得力に欠け，限界があります。

　しかし，現状についての論理的説明を超え，既存の構造や制度を変革し，新たな組織のありようを探っていこうとするのであれば，上述のような外側からのアプローチだけでは限界があると言わざるを得ません。組織における個々の人間が，あるいはその集団が，既存の制度や構造を変えようとする力や変革プロセスに注目する必要があるからです。つまり，現状の構造や制度の打破を念頭に置く場合には，人間の思考や行動を中心としたミクロの視点をも加味した検討が重要になってくるのです。

　実は，こうした人間行動の規定因が広く客体（構造，制度）なのか，あるいは主体（個人）なのかという論点は，古くから哲学の根本課題でもありまし

た。このテキストではこれ以上触れられませんが，この点を深く知ろうとすれば，経営組織論にとどまることなく哲学の学修も必要になってきます（☞ break time 補.1）。

○━ キーポイント

組織活動には，個々人の思考や心理と，周りの構造や制度の双方が影響している！

---

 break time 補.1　組織現象は本当に観測できるか？

　このテキストでは，組織現象は客観的に存在しており，具体的にその存在をわれわれが確認することが可能という前提でひとまず解説をしてきました。そのように仮定することで，初学者にとっては組織現象を理解しやすく，オーソドックスな説明となるからです。しかし，組織論者の中にはそうではないと考える立場の研究者も居ます。

　ごく常識的な見方に立てば，一見，すべての現象はそれ自体，独立した客体（事物）であり，すべての人間はその客体に対して信頼できる同一の観測ができるはずです。こうした発想法は，哲学では客観的存在論と呼ばれます。組織現象に実証的にアプローチし計測しようとする研究者たちは，暗黙のうちにこの立場に立っているとみていいでしょう。

　それに対し，人間の外側にあるすべての現象や知見は，観測者の主観的フィルターを通した偏見でもって観察されたに過ぎず，客観的な事物や絶対的な存在などはこの世にありえないという立場に依拠する研究者も居ます。こうした立場は，主観的存在論とか解釈主義とか呼ばれます。彼らは，観察と計測に基づく伝統的な科学的手法を拒絶し，芸術や人文学の分野で開発された解釈的手法を用いて説明しようとします。

　実証主義的な組織論者は，財務数値や，大きなサンプルから抽出した数値などのハードなデータをエビデンスに使いますが，解釈主義者は構造化されていないインタビューによって得られた質的データや，研究者自身が研究協力者の生活している文脈の中で参加観察することで得られるソフトなデータを好んで用います。

　このように経営組織論では，研究者の組織現象に対する考え方やアプローチ

の仕方によってその捉え方が大きく異なってくるので，注意が必要です。

(Hatch and Cunliffe（2012），邦訳，第 1 章)

4　経営組織論の役立ち

(1)　経営組織論のおもしろさと難しさ

　以上，本テキストの最終章にあたるこの補章では，経営組織論の分析視点や位置づけ，そのコンテンツの概略について概説してきました。最後に，このような経営組織論を学修すると，皆さんにとってどのようなメリットがあるかについて，簡単に触れておくことにしましょう。

　皆さんがこのテキストで経営組織論を学修してまず感じたのは，おそらく自分にとってとても身近で，興味深い授業科目だということではないでしょうか。とりわけ，社会人経験のない大学生の皆さんにとっても，例えばモチベーションやリーダーシップなどの概念はアルバイトなどの経験をもとに，身近に肌感覚で理解が可能なため，おもしろく感じた方も多いでしょう。

　ただし，実は経営学のいろいろな科目群の中でも，きちんと学修しようとすれば最も骨が折れるのも経営組織論なのです。第 1 章で学修したように，そもそも経営組織とは「多くの人たちが共通目的へ向けて一緒に協働する場」です。人間は一人ひとり異なる個性や考え方があり，そうした雑多な人間どうしが，同じ場で協力し合わないといけないのです。人間の行動は完全には予測することができません。ましてや，多くの個性ある人間どうしが協働しようとしている場においては，実に多種多様な可能性や展開が生まれ，協働の結果どうなるか，将来的にどんな状況になっているかは簡単に見通すことができないのです。

　組織活動には常にこうした予測困難性が付きまとい，A（初期条件）ならばB（結果）というような形で簡単に因果関係を表すことができないという問題を孕んでいるため，こうであればこうなるということが容易に言えず，例外の

オンパレードとなりがちで，すっきり「これですべてわかった！」とはならないのです。

　経営組織論の学修には常にこうした困難が伴いますが，これから社会に出て活躍しようとする皆さんにとって，以下に挙げる少なくとも3つの点において，経営組織論の知見を「役立てる」ことが可能です（☞ break time 補.2）。

 break time 補.2　大学の学修における知識創造

　学生の皆さんは，できるだけ多くの知識に触れ，その量を増やすことが大学での勉強だと考えてはいませんか？　例えばこのテキストで出てきた概念を丸暗記したり，論者の名前を記憶しようとしたりといった態度で日々の授業に臨んでいませんか？　…実はこうした学修の仕方は，残念ながら間違っていると言わざるを得ません。

　確かに，内容の理解にあたり，ある程度の記憶は必要になるかも知れません。定期試験前には，いい点数を取るために覚えようと懸命に努力する学生の皆さんの行為も多少は理解できなくもないです。

　しかし，本来もっと重要な点は，このテキストで説明されたさまざまな概念や考え方を，自らが属している実際の組織（部活動やアルバイト先の職場）に当てはめて肌で体験し，その概念を開発した人の思考や気持ちを追体験してみることなのです。どういう組織現象を捉えて，この学者はこういう概念を編み出そうとしたのか。なぜ先人はこの現象を概念化しようと思い立ち，そう表現せざるを得なかったのか…こうしたことを自ら実際に追体験し，全身で感じ，深く考え，それらを言語化しようとする学修姿勢こそが重要なのです。

　その結果，自分の触れた現実は，先人の開発した概念ではどうもしっくりこないと感じることも出てくるでしょう。そのような場合には，その概念を修正したり，自分で新たに新概念を創ったりしてやればいいのです。いざトライしてみればわかりますが，概念の新たな創作など，そう簡単にできるものではありません。しかし，こうした姿勢で既存の知見に接し，チャレンジしようとすることこそが，皆さんのような大学生が本来身に付けるべき学びの態度であり，学修における知識創造（☞ 153 ページ）の王道なのです。

　卒業研究や卒業論文で，是非こうした組織論上の概念の修正や新概念の創出に挑んでみてください。抽象化思考の訓練になりますし，社会人として仕事をするうえでもきっと大いに役立つはずです。

⑵　他者との関わりの中で自分自身を捉える

　経営組織論の役立ちのひとつは，自身の日ごろの何気ない行動も，すべて他者との相互関係（＝社会）の中で成り立っているということを理解できるようになることです（☞218ページ）。社会に出る前の学生の皆さんにとっては，自分は自分自身という個人だけで完結しているように感じているかも知れません。しかし，経営組織論を学ぶと，実は一見無関係と思われるような何気ない日常の行為ですら，他者とのさまざまな関わり合いの中で相互に影響を与えていることがわかります。

　経営組織論を学ぶことで，自分自身のこれまでの行動を振り返り，省察し，ひいては社会人としての見識ある行動をとることに繋げることができるのです。

⑶　組織協働の現代的意味を問い直す

　現代は，皆で一緒になって懸命に努力し，長期間持続的に協力して何事かを成し遂げるという意識がだんだん薄くなりつつある時代です。タイトで強力な協働から，ルーズで緩い協働が，またバーチャルで刹那的な関係性が，現代社会にはどんどん増えてきています。かつての日本のように，いちど企業に就職すれば終身雇用でずっと退職まで同一企業にとどまるという慣行が少なくなったことも，無関係ではないでしょう。

　したがって，経営組織論を学ぶ2つ目のメリットとして，現代における新たな組織協働のあり方を考え，組織で協働するということの意味を深層レベルで問い直すことができるという点が挙げられます。

⑷　未来を見つめ自身のキャリアをデザインする

　そして3つ目には，経営組織論を学ぶことで，現代的な組織協働の意義を自分なりに考えつつ，未来を見据えて組織内外の人たちとの繋がりを捉え直し，

無限の可能性の中から有意義なキャリアや人生を選び取る主体性を身に付けることが可能になるというメリットを挙げることができます。

　昨今よく言われるように，現代は，皆さんが社会や企業の側から何かを与えられるのを受け身で待っているのではなく，むしろ皆さん自身が主体的・自律的に動き，自らのキャリアを形成していかないといけない時代です（☞188ページ）。経営組織論を学修すれば，自分と他者や社会との間にある距離感やそれに応じた付き合い方を体得することができ，そこから自分はどのようなキャリアを歩むべきか，社会にどういった貢献ができるのかを深く考察することができるのです。

⚷ キーポイント

　経営組織論を学べば，自分が社会の中でどう生きていくべきかのヒントが得られる！

🗂 演習問題

❶　マクロ組織論とミクロ組織論の分析視点の違いや，それぞれのメリット・デメリットをまとめてみましょう。

❷　図書館で，本書以外の経営組織論のテキストブック3冊を選び，章別編成を調べてみましょう。それぞれどういった違いがあるか箇条書きにまとめ，本書を含め，なぜこうした違いが出てくるのか推論してみましょう。

❸　「モチベーション」概念は経営組織論のみならず人的資源管理論でも議論されます。それぞれ，どのように取り扱われているでしょうか。取り上げ方に違いがあるとすればどんな違いであり，そうした違いはなぜ生じるのでしょうか。

💡演習問題の出題意図と解答のヒントへGO ☞

PC からはこちら ☞ http://www.bunshin-do.co.jp/contents/5069/aim_chho.html

---

📖 おすすめ文献

1　D・S・ピュー，D・J・ヒクソン著，北野利信訳（2002）『現代組織学説の偉人たち』有斐閣。

◆ 海外の著名な組織論者による 60 以上の組織学説がそれぞれ 4 ページほどで要約されています。組織に関するさまざまなパラダイムが存在していることが理解できます。

2　上林憲雄ほか（2018）『経験から学ぶ経営学入門（第 2 版）』有斐閣。

◆ 会社で働いた経験のない学生にも経営の現実が実感できるよう工夫された超入門テキスト。「制度・戦略・組織・人」の流れがわかりやすく理解できます。

3　M・J・ハッチ著，大月博司・日野健太・山口善昭訳（2013）『Hatch 組織論』同文舘出版。

◆ 組織研究の歴史がわかる欧米の人気テキストの邦訳。組織研究には多様な分析視点があること，中核をなす理論と概念，将来有望な概念が詳説されています。

🔲🔲 参考文献一覧

［執筆にあたり参照した文献等の情報を，章ごとに和文献（50音順）・欧文
献（アルファベット順），新聞記事，ウェブサイトの順で掲載しています。］

第1章

上野恭裕・馬場大治編著（2016）『経営管理論（ベーシックプラス）』中央経済社。

桑田耕太郎・田尾雅夫著（2010）『組織論（補訂版）』有斐閣。

鈴木竜太（2018）『はじめての経営学　経営組織』東洋経済新報社。

庭本佳和・藤井一弘編著（2008）『経営を動かす』文眞堂。

藤井一弘編著（2011）『経営学史叢書Ⅵ　バーナード』文眞堂。

Barnard, C. I. (1938), *The Functions of the Executive*, Harvard University Press.（山本安次郎・田杉競・飯野春樹訳『新訳　経営者の役割』ダイヤモンド社，1968年。）

Daft, R. L. (2001), *Essentials of Organization Theory and Design*, 2nd ed., South-Western College Publishing.（髙木晴夫訳『組織の経営学—戦略と意思決定を支える』ダイヤモンド社，2002年。）

第2章

M・ウェーバー著，世良晃志郎訳（1970）『支配の諸類型』創文社。

島津明人編著（2015）『職場のポジティブメンタルヘルス—現場で活かせる最新理論』誠信書房。

白石久喜（2010）「フラット化による管理人数の拡大が従業員の能力開発に及ぼす影響—管理人数の拡大に潜む長期リスクを探る」『Works Review』Vol. 5, 114-125ページ。

中田亨（2019）『「マニュアル」をナメるな！—職場のミスの本当の原因』光文社。

沼上幹（2004）『組織デザイン』日本経済新聞出版社。

野中郁次郎・加護野忠男・小松陽一・奥村昭博・坂下昭宣（2013）『組織現象の理論と測定［新装版］』千倉書房。

松井忠三（2014）『無印良品の，人の育て方—"いいサラリーマン"は，会社を滅ぼす』角川書店。

Daft, R. L. (2001), *Essentials of Organization Theory and Design*, 2nd ed., South-Western College Publishing.（髙木晴夫訳『組織の経営学—戦略と意思決定を支える』ダイヤモンド社，2002年。）

Edmondson, A. C. (2012), *Teaming: How Organizations Learn, Innovate, and Compete in the Knowledge Economy*, Jossey-Bass.（野津智子訳『チームが機能するとはどういうことか—「学習力」と「実行力」を高める実践アプローチ』英治出版，2014年。）

Laloux, F. (2014), *Reinventing Organizations: A Guide to Creating Organizations Inspired by the Next Stage of Human Consciousness*, Nelson Parker.（鈴木立哉訳，嘉村賢州解説『ティール組織—マネジメントの常識を覆す次世代型組織の出現』英治出版，2018年。）

第3章

印南一路（1999）『優れた組織の意思決定—組織をいかす戦略と政策』中央公論新社。

桑島健一・高橋伸夫（2001）『シリーズ〈意思決定の科学〉3　組織と意思決定』朝倉書店。

白樫三四郎（2012）「集団の愚かな意思決定—ピッグス湾，真珠湾，そしてウォーターゲート」『大阪経大論集』第62巻第6号，31-44ページ。

長瀬勝彦（2008）『意思決定のマネジメント』東洋経済新報社。

Barnard, C. I. (1938), *The Functions of the Executive*, Harvard University Press.（山本安次郎・田杉競・飯野春樹訳『新訳　経営者の役割』ダイヤモンド社，1968年。）

Janis, I. L. (1971), "Groupthink," *Psychology today*, 5 (6), pp. 43-46.

March, J. G. and Simon, H. A. (1958 ; 1993), *Organizations*, 2nd ed., Blackwell.（高橋伸夫訳『オーガニゼーションズ（第2版）—現代組織論の原典』ダイヤモンド社，2014年。）

Simon, H. A. (1947 ; 1957 ; 1976 ; 1997), *Administrative Behavior: A Study of Decision-Making Process in Administrative Organization*, 4th ed., Free Press.（二村敏子・桑田耕太郎・高尾義明・西脇暢子・高柳美香訳『新版 経営行動—経営組織における意思決定過程の研究』ダイヤモンド社，2009年。）

Simon, H. A. (1960 ; 1965 ; 1977), *The New Science of Management Decision*, Revised (3rd) ed., Prentice-Hall.（稲葉元吉・倉井武夫訳『意思決定の科学』産業能率大学出版部，1979年。）

第4章

金井壽宏（1999）『経営組織』日本経済新聞社。

金井壽宏（2006）『働くみんなのモチベーション論』NTT出版。

田尾雅夫（1993）『モチベーション入門』日本経済新聞社。

人と組織の活性化研究会編（2006）『なぜあの人は「イキイキ」としているのか—働く仲間と考えた「モチベーション」「ストレス」の正体』プレジデント社。

古川久敬（2011）『組織心理学』培風館。

Deci, E. L. (1975), *Intrinsic Motivation*, Plenum Press.（安藤延男・石田梅男訳『内発的動機づけ—実験社会心理学的アプローチ』誠信書房，1980年。）

Latham, G. (2007), *Work Motivation: History, Theory, Research and Practice*, Sage Publication, Inc.（依田卓巳訳・金井壽宏監訳『ワーク・モチベーション』NTT出版，2009年。）

Lind, E. A. and Tyler, T. R. (1988), *The Social Psychology of Procedural Justice*, Plenum Press.（菅原郁夫・大渕憲一訳『フェアネスと手続きの社会心理学—裁判，政治，組織への応用』ブレーン出版，1995年。）

Pink, D. H. (2009), *Drive: The Surprising Truth about What Motivates Us*, Riverhead Hardcover.（大前研一訳『モチベーション3.0―持続する「やる気！」をいかに引き出すか』講談社，2010年。）

Vroom, V. H. (1964), *Work and Motivation*, John Wiley & Sons.（坂下昭宣・榊原清則・小松陽一・城戸康章訳『仕事とモチベーション』千倉書房，1982年。）

第5章

小野善生 (2018)『リーダーシップ徹底講座―すぐれた管理者を目指す人のために』中央経済社。

金井壽宏 (2005)『リーダーシップ入門』日本経済新聞出版社。

三隅二不二 (1978)『リーダーシップ行動の科学』有斐閣。

Greenleaf, R. K. (1977), *Servant Leadership: A Journey into the Nature of Legitimate Power and Greatness*, Paulist.（金井壽宏監訳・金井真弓訳『サーバントリーダーシップ』英知出版，2008年。）

Hersy, P., Branchard, K. H. and Johnson, D. E. (2000), *Management of Organizational Behavior: Utilizing Human Resources*, 7th ed., Prentice Hall, Inc.（山本成二・山本あずさ訳『行動科学の展開（新版）』生産性出版，2000年。）

Likert, R. (1961), *New Patterns of Management*, McGraw-Hill Book Co., Inc.（三隅二不二訳『経営の行動科学―新しいマネジメントの探究』ダイヤモンド社，1964年。）

Robins, S. P. (2005), *Essentials of Organizational Behavior*, 8th ed., Pearson Education.（髙木晴夫訳『新版　組織行動のマネジメント―入門から実践へ』ダイヤモンド社，2009年。）

Spears, L. C. (1998), "Tracing the growing impact of servant-leadership," in Spears, L. C. (ed.), *Insights on Leadership: Service, Stewardship, Spirit and Servant-leadership*, John Wiley & sons.

第6章

青野慶久 (2015)『チームのことだけ，考えた。―サイボウズはどのようにして「100人100通り」の働き方ができる会社になったか』ダイヤモンド社。

堺大輔 (2016)「チームラボのチームの秘密」『ハーバード・ビジネス・レビュー』41 (12)，2016年12月号，74-83ページ。

開本浩矢編著 (2014)『入門　組織行動論（第2版）』中央経済社。

DIAMONDハーバード・ビジネス・レビュー編集部編訳 (2005)『いかに「高業績チーム」をつくるか』ダイヤモンド社。

Hackman, J. R. and Walton, R. E. (1986), "Leading groups in organizations," in P. S. Goodman and Associates (eds), *Designing Effective Work Groups*, Jossey-Bass.

Hackman, J. R. (2002), *Leading Teams*, BoS: Harvard Business School Publishing.（田中滋訳『ハーバードで学ぶ「デキるチーム」5つの条件―チームリーダーの「常識」』生産性出版，2005年。）

Manz, C. C. and Sims, H. P. (1993), *Business without Bosses*, John Wiley & Sons.（守島基博監訳, 渋谷華子・蔡芢錫・喜多志保訳『自律チーム型組織―高業績を実現するエンパワーメント』生産性出版, 1997 年。）

Pearce, C. L. and Conger, J. A. (eds) (2003), *Shared Leadership: Reframing the Hows and Whys of Leadership*, Sage Publications.

Zaccaro, S. J., Rittman, A. L. and Marks, M. A. (2001), "Team leadership," *Leadership Quarterly*, Vol. 12, pp. 451-484.

第7章

網倉久永・新宅純二郎 (2011)『経営戦略入門』日本経済新聞出版社。

占部都美 (1971)『現代経営組織論』白桃書房。

加護野忠男 (1980)『経営組織の環境適応』白桃書房 。

山田耕嗣・佐藤秀典 (2014)『コア・テキスト マクロ組織論』新世社。

Burns, T. and Stalker, G. M. (1961), *The Management of Innovation*, Tavistock Publications.

Chandler, A. D., Jr. (1962), *Strategy and Structure: Chapters in the History of the Industrial Enterprise*, M.I.T. Press.（三菱経済研究所訳『経営戦略と組織』実業之日本社, 1967 年；有賀裕子訳『組織は戦略に従う』ダイヤモンド社, 2004 年。）

Galbraith, J. R. and Nathanson, D. A. (1978), *Strategy Implementation: The Role of Structure and Process*, West Publishing.（岸田民樹訳『経営戦略と組織デザイン』白桃書房, 1989 年。）

Mintzberg, H. (1994), *The Rise and Fall of Strategic Planning*, Prentice Hall.（中村元一監訳, 黒田哲彦・崔大龍・小高照男訳『「戦略計画」創造的破壊の時代』産能大学出版部, 1997 年。）

Woodward, J. (1970), *Industrial Organization: Theory and Practice*, Oxford University Press.（矢島鈞次・中村寿雄訳『新しい企業組織―原点回帰の経営学』日本能率協会, 1970 年。）

第8章

加護野忠男編著 (2016)『松下幸之助 理念を語り続けた戦略的経営者』PHP 研究所。

金井壽宏, 佐藤郁哉, ギデオン・クンダ, ジョン・ヴァン-マーネン (2010)『組織エスノグラフィー』有斐閣。

出口将人 (2004)『組織文化のマネジメント―行為の共有と文化』白桃書房。

Hatch, M. J. and Cunliffe, A. L. (2013), *Organization Theory: Modern, Symbolic, and Postmodern Perspectives*, 3rd ed., Oxford University Press.（大月博司・日野健太・山口善昭訳『Hatch 組織論―3 つのパースペクティブ』同文舘出版, 2017 年。）

Kunda, G. (1992), *Engineering Culture: Control and Commitment in a High-Tech Corporation*, Temple University Press.（金井壽宏解説監修・樫村志保訳『洗脳するマネジメント―企業文化を操作せよ』日経 BP 社, 2005 年。）

Schein, E. H. (1985), *Organizational Culture and Leadership*, Jossey-Bass. (清水紀彦・浜田幸雄訳『組織文化とリーダーシップ―リーダーは文化をどう変革するか』ダイヤモンド社，1989年。)

Schein, E. H. (2009), *The Corporate Culture Survival Guide*, John Wiley & Sons. (尾川丈一監修・松本美央訳『企業文化（改訂版）―ダイバーシティと文化の仕組み』白桃書房，2016年。)

Schein, E. H. (2011), *Organizational Culture and Leadership*, 4th ed., Jossey-Bass. (梅津裕良・横山哲夫訳『組織文化とリーダーシップ』白桃書房，2012年。)

Van Maanen, J. and Schein, E. H. (1979), "Toward a theory of organizational socialization," in Staw, B. M. (ed.), *Research in Organizational Behavior*, Vol. 1, JAI Press, pp. 209-264.

第9章

野中郁次郎 (1990)『知識創造の経営―日本企業のエピステモロジー』日本経済新聞出版社。

Allen, T. J. (1977), *Managing the Flow of Technology*, MIT Press. (中村信夫訳『"技術の流れ"管理法―研究開発のコミュニケーション』開発社，1984年。)

Brown, J. S. and Duguid, P. (1991), "Organizational Learning and Communities-of-Practice: Toward a unified view of working, Learning, and Innovation," *Organization Science*, 2 (1), pp. 40-57.

Davenport, T. H. and Prusak, L. (1998), *Working Knowledge: How Organizations Manage What They Know*, Harvard Business School Press. (梅本勝博訳『ワーキング・ナレッジ―知を活かす経営』生産性出版，2000年。)

Lave, J. and Wenger, E. (1991), *Situated Learning: Legitimate Peripheral Participation*, Cambridge University Press. (佐伯胖訳『状況に埋め込まれた学習―正統的周辺参加』産業図書，1993年。)

Leonard-Barton, D. (1995), *Wellsprings of Knowledge: Building and Sustaining the Sources of Innovation*, Harvard Business School Press. (阿部孝太郎・田畑暁生訳『知識の源泉―イノベーションの構築と持続』ダイヤモンド社，2001年。)

Leonard-Barton, D. and Swap, W. C. (2005), *Deep smarts: How to Cultivate and Transfer Enduring Business Wisdom*, Harvard Business School Press. (池村千秋訳『「経験知」を伝える技術　ディープスマートの本質』ランダムハウス講談社，2005年。)

Nonaka, I. and Takeuchi, H. (1995), *The Knowledge-creation Company: How Japanese Companies Create the Dynamics of Innovation*, Oxford University Press. (梅本勝博訳『知識創造企業』東洋経済新報社，1996年。)

Prahalad, C. K. and Hamel, G. (1990), "The Core Competence of the Corporation," *Harvard Business Review*, 68 (3), pp. 79-91.

Spender, J. C. (1996), "Competitive Advantage from Tacit Knowledge? Unpacking the Concept and Its Strategic Implications," in Moingeon, B. and Edmondson, A. (ed.), *Organizational Learning and Competitive Advantage*, Sage, pp. 56-73.

Wenger, E., McDermott, R. and Snyder, W. M. (2002), *Cultivating Communities of Practice*, Harvard Business School Press.（野村恭彦監修・櫻井祐子訳『コミュニティ・オブ・プラクティス―ナレッジ社会の新たな知識形態の実践』翔泳社，2002 年。）

「東急リバブル，好みの間取り，AI 分析，物件検索に新機能。」『日経産業新聞』2019 年 1月 28 日。

「パナソニック，休眠特許を外部提供，まず東南アの工科大に。」『日本経済新聞』2019 年 8月 9 日朝刊。

第 10 章

瓜生原葉子（2012）『医療の組織イノベーション』中央経済社。

DIAMOND ハーバード・ビジネス・レビュー編集部訳編（2018）『イノベーションの教科書』ダイヤモンド社。

DIAMOND ハーバード・ビジネス・レビュー編「なぜイノベーションを生み出し続ける企業は組織文化を大切にするのか」『DIAMOND ハーバード・ビジネス・レビュー』2019年 7 月号。

谷本寛治・大室悦賀・大平修司ほか（2013）『ソーシャル・イノベーションの創出と普及』NTT 出版。

一橋大学イノベーション研究センター編（2017）『マネジメント・テキスト　イノベーション・マネジメント入門〈第 2 版〉』日本経済新聞出版社。

米倉誠一郎・清水洋編著（2015）『オープン・イノベーションのマネジメント―高い経営成果を生む仕組みづくり』有斐閣。

Christensen, C. M., Anthony, S. D. and Roth, E. A. (2004), *Seeing What's Next: Using the Theories of Innovation to Predict Industry Change*, Harvard Business Review Press.（櫻井祐子訳『イノベーションの最終解』翔泳社，2014 年。）

Kotter, J. P. (1996), *Leading Change*, Harvard Business Review Press.（村井章子訳『実行する組織―大企業がベンチャーのスピードで動く』ダイヤモンド社，2015 年。）

Rogers, E. M. (2003), *Diffusion of Innovations*, 5th Edition, Free Press.（三藤利雄訳『イノベーションの普及』翔泳社，2007 年。）

日経 XTECH ウェブサイト（https://tech.nikkeibp.co.jp/dm/article/COLUMN/20150310/408446/?ST=health）。

第 11 章

稲水伸行（2014）『流動化する組織の意思決定―エージェント・ベース・アプローチ』東京大学出版会。

金井壽宏（1994）『企業者ネットワーキングの世界―MIT とボストン近辺の企業者コミュニティの探求』白桃書房。

小橋勉（2018）『組織の環境と組織間関係』白桃書房。

関智宏・中山健編（2017）『21 世紀中小企業のネットワーク組織―ケース・スタディからみるネットワーク多様性』同友館。

中野勉（2017）『ソーシャル・ネットワークとイノベーション戦略―組織からコミュニティのデザインへ』有斐閣。

朴容寛（2003）『ネットワーク組織論』ミネルヴァ書房。

増田直紀（2007）『私たちはどうつながっているのか―ネットワークの科学を応用する』中央公論新社。

安田雪（2011）『パーソナルネットワーク―人のつながりがもたらすもの』新曜社。

山倉健嗣（1993）『組織間関係―企業間ネットワークの変革にむけて』有斐閣。

若林直樹（2009）『ネットワーク組織―社会ネットワーク論からの新たな組織像』有斐閣。

Schein, E. H. (1978), *Career Dynamics*, Addison-Wesley Publishing Co.（二村敏子・三善勝代訳『キャリア・ダイナミクス―キャリアとは，生涯を通しての人間の生き方・表現である。』白桃書房，1991年。）

第12章

伊丹敬之・加護野忠男（2003）『ゼミナール経営学入門［第3版］』日本経済新聞社。

DIAMONDハーバード・ビジネス・レビュー編訳（2007）『組織能力の経営論―学び続ける企業のベスト・プラクティス』ダイヤモンド社。

Argyris, C. (1977), "Double loop learning in organization," *Harvard Business Review*, Sep-Oct, pp. 115-125.（有賀祐子訳「「ダブル・ループ学習」とは何か」『DIAMONDハーバード・ビジネス・レビュー』2007年4月。）

Cooperrider, D. L. and Whitney, D. (2005), *Appreciative Inquiry: A Positive Revolution in Change*, Berrett-Koehler Publishers.（市瀬博基訳『AI「最高の瞬間」を引き出す組織開発―未来志向の問いかけが会社を救う』PHP研究所，2006年。）

Greiner, L. E. (1972), *Evolution and revolution as organizations grow*, Harvard business review.

Hedberg, B. (1981), "How Organizations Learn and Unlearn," in Nystrom, P. C. and Starbuck, W. H. (eds), *Handbook of Organizational Design*, Vol. 1, Oxford University Press, pp. 3-27.

Kotter, J. P. (1996), *Leading Change*, Harvard Business School Press.（梅津祐良訳『企業変革力』日経BP社，2002年。）

March, J. G. and Olsen, J. P. (1976), *Ambiguity and Choice in Organizations*, Universitetsforlaget.（遠田雄志・アリソン・ユング訳『組織におけるあいまいさと決定』有斐閣，1986年。）

Tschudy, T. N. (2006), "An OD map: The essence of organization development," In Jones, B. B. and Brazzel, M. (eds), *The NTL Handbook of Organization Development and Change*, Pfeiffer, pp. 157-176.

補章

M・ウェーバー著，濱島朗訳（2012）『権力と支配』講談社。

上林憲雄ほか（2018）『経験から学ぶ経営学入門（第2版）』有斐閣。

坂下昭宣（2014）『経営学への招待（新装版）』白桃書房。

中條秀治（2019）『オーガニゼーショナル・ビヘイヴィア―組織の中の人間行動』文眞堂。

別冊宝島編集室編（1993）『社会学を学ぶ』宝島社。

Hatch, M. J. and Cunliffe, A. L. (2012), *Organization Theory: Modern, Symbolic, and Postmodern Perspectives*, 3rd ed., Oxford University Press.（大月博司・日野健太・山口善昭訳『Hatch 組織論―3つのパースペクティブ』同文舘出版，2013 年。）

Pugh, D. P. and Hickson, D. J. (1999), *Great Writers on Organizations*, The second omnibus edition, Routledge.（北野利信訳『現代組織学説の偉人たち』有斐閣，2002 年。）

🔍 事項索引

> ［ページ表示の数字が太字の場合は，本文中
> でゴシック体表記の用語を示しています。］

🔍 人名・組織名索引

[ページ表示の数字が太字の場合は，本文中
でゴシック体表記の用語を示しています。]

著者紹介と執筆分担

（執筆順）

庭本 佳子（にわもと・よしこ）………………………………………《第 1 章・第 6 章》
　編著者紹介の欄を参照。

上林 憲雄（かんばやし・のりお）………………………………………《第 1 章・補章》
　編著者紹介の欄を参照。

厨子 直之（ずし・なおゆき）………………………………………………………《第 2 章》
　和歌山大学経済学部准教授。博士（経営学）。
　2002 年関西学院大学商学部卒業，2007 年神戸大学大学院経営学研究科博士課程後期課程
修了。著作に『経験から学ぶ人的資源管理［新版］』（有斐閣，2018 年，共著）等がある。

浅井 希和子（あさい・きわこ）……………………………………………………《第 3 章》
　園田学園女子大学経営学部助教。修士（経営学）。
　1995 年大阪大学人間科学部卒業，大手外資系企業勤務を経て，2016 年大阪府立大学大
学院経済学研究科博士課程前期課程修了。著作に「人材育成と参加的意思決定」（上林憲
雄・平野光俊編著『日本の人事システム』同文舘出版，2019 年所収）等がある。

貴島 耕平（きじま・こうへい）…………………………………………………………《第 4 章》
　関西学院大学商学部助教。博士（経営学）。
　2010 年関西学院大学総合政策学部卒業，2015 年神戸大学大学院経営学研究科博士課程後
期課程修了。著作に「組織行動論におけるミクロ―マクロ問題の再検討―社会技術シス
テム論の学際的アプローチを手がかりに」『経営学の再生』（経営学史学会年報第 21 輯，
文眞堂，2014 年）等がある。

島田 善道（しまだ・よしみち）……………………………………………………《第 5 章》
　公立鳥取環境大学経営学部准教授。修士（経営学）。
　1992 年立命館大学経営学部卒業，大手製造企業勤務を経て，2015 年大阪府立大学大学院
経済学研究科経営学専攻博士課程前期課程修了，2020 年神戸大学大学院経営学研究科博
士課程後期課程単位取得退学。著作に「グローバルリーダー研究の学史的位置づけの検
討」『経営学史研究の興亡』（経営学史学会年報第 24 輯，文眞堂，2017 年）等がある。

上野 恭裕（うえの・やすひろ）……………………………………………………《第 7 章》

関西大学社会学部教授，大阪府立大学名誉教授。博士（経営学）。

1989 年神戸大学経営学部卒業，1991 年神戸大学大学院経営学研究科博士課程前期課程修了，1992 年神戸大学大学院経営学研究科博士課程後期課程中退。著作に『戦略本社のマネジメント』（白桃書房，2011 年）等がある。

福本 俊樹（ふくもと・としき）……………………………………………………《第 8 章》

同志社大学商学部助教。博士（経営学）。

2009 年神戸大学経営学部卒業，2019 年神戸大学大学院経営学研究科博士課程後期課程修了。著作に「処方的知識の開発を主軸とした組織社会化研究の新展開」（神戸大学大学院経営学研究科博士論文）等がある。

筒井 万理子（つつい・まりこ）……………………………………………………《第 9 章》

近畿大学経営学部経営学科教授。博士（経営学）。

1998 年近畿大学商経学部卒業，2004 年神戸商科大学大学院経営学研究科博士課程満期退学。著作に『医薬品普及の知識マネジメント』（白桃書房，2011 年）等がある。

瓜生原 葉子（うりゅうはら・ようこ）………………………………………………《第 10 章》

同志社大学商学部教授。博士（経営学）。

1989 年静岡薬科大学卒業，大手外資系製薬企業勤務を経て，2011 年神戸大学大学院経営学研究科博士後期課程修了。2013 年大阪大学大学院医学系研究科外科系臨床医学専攻博士課程退学。著作に『行動科学でより良い社会をつくる』（文眞堂，2021 年）等がある。

中原　翔（なかはら・しょう）………………………………………………………《第 11 章》

大阪産業大学経営学部准教授。博士（経営学）。

2011 年尾道市立大学経済情報学部卒業，2016 年神戸大学大学院経営学研究科博士課程後期課程修了。著作に『社会問題化する組織不祥事—構築主義と調査可能性の行方』（中央経済社，2023 年）等がある。

上野山 達哉（うえのやま・たつや）………………………………………………《第 12 章》

大阪公立大学大学院経営学研究科教授。博士（経済学）。

1994 年京都大学経済学部卒業，2000 年神戸大学大学院経営学研究科博士課程後期課程退学。著作に「コーリングによる職務行動志向への影響の両義性—自動車販売職における定量的分析をもとに」（『日本労働研究雑誌』2019 年 12 月号）等がある。

編著者紹介

上林 憲雄（かんばやし・のりお）

神戸大学大学院経営学研究科教授。Ph.D.・博士（経営学）。
1989年神戸大学経営学部卒業，1992年神戸大学大学院経営学研究科博士課程後期課程中退，神戸大学経営学部助手に就任。専任講師，助教授を経て2005年より現職。1999年Warwick Business School博士課程修了。著作に『異文化の情報技術システム』（千倉書房，2001年），*Japanese Management in Change*（Springer，2015，編著），『経験から学ぶ経営学入門（第2版）』（有斐閣，2018年，共著），『日本の人事システム―その伝統と革新』（同文舘出版，2019年，共編著）等がある。

庭本 佳子（にわもと・よしこ）

神戸大学大学院経営学研究科准教授。博士（経営学）。
2008年京都大学法学部卒業，2010年京都大学大学院法学研究科法曹養成専攻修了，2015年神戸大学大学院経営学研究科博士課程後期課程修了。摂南大学経営学部講師を経て2017年より現職。著作に「組織能力におけるHRMの役割―「調整」と「協働水準」に注目して」『経営学の再生―経営学に何ができるか』（経営学史学会年報第21輯，文眞堂，2014年所収，経営学史学会論文奨励賞受賞），「人事ポリシーと組織文化」上林憲雄・平野光俊編著『日本の人事システム―その伝統と革新』同文舘出版，2019年所収，等がある。

経営組織入門

2020年4月1日　第1版第1刷発行	検印省略
2023年9月1日　第1版第3刷発行	

編著者　上　林　憲　雄
　　　　庭　本　佳　子
発行者　前　野　　　隆
発行所　株式会社　文　眞　堂
　　　　東京都新宿区早稲田鶴巻町533
　　　　電　話　03（3202）8480
　　　　FAX　03（3203）2638
　　　　https://www.bunshin-do.co.jp/
　　　　〒162-0041　振替00120-2-96437

製作・㈱真興社
©2020
定価はカバー裏に表示してあります
ISBN978-4-8309-5069-8　C3034